古川綠波
佐藤垢石
宮本百合子
林芙美子
森鷗外等
著

張嘉芬
譯

和日本文豪一起吃麵

烏龍麵、蕎麥麵、炒麵、餃子等

目次

寫在前面——探尋日本國民麵食的魅力

◎廖秀娟（元智大學應用外語學系副教授、日本大阪大學博士）

江戶時代後期的風俗史家喜田川守貞，記錄京、大坂、江戶三都風俗民情的著作《守貞漫稿》（明治後改稱《類聚近世風俗志》），被讚譽為江戶幕末時期的百科全書，書中記載當時販賣包含烏龍麵、蕎麥麵等等所有麵類食物的麵店名稱，在京阪地區稱做「饂飩屋」（烏龍麵店），在江戶則稱做「蕎麥屋」。該書中並載明，會有這番稱呼上的差異乃是起源於當時京阪地區喜好烏龍麵的人較多，而江戶人則是偏愛蕎麥麵，因此各自都以自己喜愛的麵食來當作所有麵食的統稱，才有這樣稱呼上的差別。然而就分布的位置來看，對於蕎麥麵的熱愛集中於江戶（東京）市區，其餘地區還是以喜愛烏龍麵的人居多，由此可以看出江戶人對蕎麥麵情有獨鍾。明治三十二年（一八九九）明治時期的史學家平出鏗二郎所著的《東京風俗志》中曾提到：「東京都下沒有饂飩屋的說法，只有蕎麥屋……蕎麥麵除了是東京都人一般的喜好之外，也被當作是搬家時的賀禮或是略表心意時的禮物，需求甚大，因此以此為業的店家數量眾多」。著名喜劇演員古川綠波在本書收錄作品〈烏龍麵裡的鬼怪〉中曾提到，自己明明是「江戶子」卻討厭蕎麥麵，因為一吃就會拉肚子只能吃烏龍麵，暗喻自己是個失格的東京人。

然而，為何東京人獨愛蕎麥麵呢？江戶學的泰斗三田村鳶魚認為由於當時江戶的市民大多從事重度的肉體勞務，若是過度飽食則有礙於工作，因此每餐的飲食分量受限，這也造成僅靠三餐難以維持勞動所須的熱量，必須再額外補充零食，於是就發展出了東京的獨特飲食文化——蕎麥麵，使得蕎麥麵和壽司、天婦羅、鰻魚一同扛起「江戶前」的名號，並稱江戶美食的四大天王。

東京人非常講究蕎麥麵的吃法與形式。明治文豪夏目漱石的作品《我是貓》第六章中，登場人物迷亭先生曾就蕎麥麵老饕的內行人吃法做了精湛的說明。「餛飩（烏龍麵）可是馬夫在吃的東西啊。沒有比不懂蕎麥麵美味之處的人要來的更可悲的啊」、「蕎麥麵的吃法是很講究的，要像這樣稍稍拉高（略），像這種長度的，三分之一沾著醬汁，之後要一口吞入。絕對不可以咬斷。一咬斷蕎麥麵的味道就消失了。呼嚕呼嚕地滑滑溜溜地滑入口中才是美味之所在」、「涼蕎麥麵（笊蕎麦）的分量大約要控制在三口半到四口，超過了就吃不出美味了」。依照當時東京人的風雅，蕎麥麵的分量若是盛裝的過滿，就顯得粗鄙庸俗不堪，違背了東京人的蕎麥美學，也因此現今傳承久遠的蕎麥老店仍謹守著三口半的規矩。

另一方面，美食大師北大路魯山人在昭和十年（一九三六）雜誌《星岡》中也曾經對蕎麥麵的美味吃法提出他的高見：「說到品味蕎麥麵，最重要的不是一點一點呼嚕呼嚕地吸入，而是要一次大口的塞滿嘴內，然後再一口氣像是擦到喉嚨般的吞嚥下去。這時的感觸才是蕎麥麵美味之所在」。魯山人提案的是鄉下人式的豪邁吃法，滿嘴的麵香、用力的咀嚼、暢快的吞嚥，關西出身的魯山人應該是一輩子與江戶飲食美學無緣之人。

與蕎麥麵相比，烏龍麵的歷史更為悠久。烏龍麵是在小麥粉上加入適量的鹽水經過打練後再分段切斷，麵條保有一定程度的寬度與厚度，庶民飲食、也是米食的代用食品以及家有喜事慶祝時的食物，漢字寫成「饂飩」，自古以來為日本固有的麵食之一。依照昭和初期的中國文學家青木正兒的推論，「饂飩」一詞應是奈良時代從中國傳來的唐菓子「餛飩」演化而來的文字。「餛飩」是由小麥粉加工後加入內餡的團子，加入熱湯之後食用才改稱為「饂飩」。佛教從中國傳入日本之後，透過遣唐使的往來將中國文化帶入日本，不只在文化上影響日本，也在飲食上帶來改變。

關於烏龍麵傳入日本的途徑有幾種說法，其中之一認為烏龍麵應該是平安時期遣唐使空海（弘法大師）遠赴中國時，將烏龍麵的製作技術帶回了故鄉讚岐，使得讚岐成了日本烏龍麵的故鄉。第二個說法則是認為宋朝時期受到九州博多大唐街上貿易商人謝國明的援助，前往大宋學習佛法的僧侶丹爾所帶回的，包括宋朝的製麵技術、烏龍麵、蕎麥麵、饅頭、茶。之後，透過寺廟僧侶的傳播推展到全國，僧侶丹爾開設在福岡的承天寺境內立有一塊「饂飩蕎麵發祥之地」的石碑。

日本烏龍麵的元祖起源於室町時代後期，因為是由小麥麵粉製成後依一定長度切斷，故被稱做「切麵」或「切麥」。這時的「切麵」已經與初傳入日本時的樣式不同，已具有現代烏龍麵的模型。自古以來即有「東蕎麥（麵）、西烏龍（麵）」的說法，商人之都大阪，因為擁有各式各樣的農作物、海產漁獲豐富、海陸交匯四通八達，形成了自己獨特的飲食文化，當中大阪烏龍麵的歷史有四百年之久。太閣豐臣秀吉在大阪城築城時，大量的勞動人口聚集在大阪西區，為餵飽這群工人，周邊烏龍麵店林立。大阪的烏龍麵詳實的反映出大阪商人圓滑的個性，傳統的大阪烏龍麵滑溜順喉，麵條柔軟有彈性，圓滑無角的烏龍麵條象徵大阪商人不喜與人起爭執，凡事力求圓滿解決的商人性格。湯頭則是匯集來自北海道各地的昆布，由函館透過海運一路送往天下的廚房大阪之後，熬製成充滿昆布清香的關西薄鹽醬油湯頭，再搭配油炸豆皮等配料，麵、湯頭、配料三者合一就是名滿天下的大阪烏龍麵了。

二次世界大戰期間，隨著戰爭局世惡化糧食不足的問題更為嚴峻，白米必須提供給前線軍隊食用，大後方的國民只能以烏龍麵、蕎麥麵等麵粉類食物來代用，為了鼓舞民眾的愛國心，又將這些代用食物稱為國策食、必勝食、決戰食，試圖藉由愛國心的激勵來紓緩民眾因粗食、飢餓而引起的不滿。隨筆家佐藤垢石在作品〈烏冬麵〉中，詳細的描述戰爭時期處在戰線大後方的國民，如何在有限的糧食與窘迫的預算下努力餵飽全家人的可能。女作家宮本百合子與丈夫宮本顯治是昭和時期著名的無產階級文學家與左翼作家。她在作品〈吃烏龍麵的人〉中不改她身為左翼作家的精神，以略帶批判的目光來描述戰時體制下家庭主婦在困窘的糧食不足下陷入慢性的營養不良，以及人性的自私。另外以烏龍麵為題材的作品還有以〈放浪記〉一作打響文壇名號的女作家林芙美子，她在本書收錄作品〈小花〉中，描述少女阿由為幫助家中經濟到烏龍麵店家幫傭的故事。

作家森鷗外與漱目漱石並列明治時期的兩大文豪，他在明治四十二年（一九〇九）以自己在小倉時期的生活為題材，寫了〈單身〉這則短篇作品。故事開始的時間是小倉冬天的夜晚，不管是哪一戶人家都門窗緊閉寂靜無聲，暗喻著主人公大野（可視為森鷗外的投射）寧靜的單身生活。之後三位人物來訪，法院院長戶川、市醫院的院長富田、以及晚到的寧國寺先生。對於來訪的訪客大野拿出了酒、煮了些烏龍麵招待他們食用，這時大野的結婚問題成為話題，富田認為大野就是因為不再結婚才會在這冬天夜晚吃烏龍麵，此話題一開，在場的人開始相互抬槓、揶揄大野的「單身狗生活」。故事幽默有趣，多是友人間費心勸誘大野結婚、調侃他的單身生活，話鋒還轉到祖母為大野找到的新娘候選人。因為作品讓人連想到森鷗外與第二任妻子結婚之前，曾多年維持單身，讓文章讀起來更有真實感，除了一窺文豪鷗外的私下一面，還發現原來「神童鷗外」也有被催婚的時候。更令人驚訝於明治時期大人們茶餘飯後談話的尺度。其中烏龍麵竟被視為是沒有老婆的人僅能煮出的孤單菜色，更是友人要大野快結婚的重要契機，是一篇非常有趣的作品。

本書中以蕎麥麵為題的作品有女作家長谷川時雨〈舊聞日本橋——蕎麥麵屋

利久〉、以及田中貢太郎的作品〈鮭魚作祟〉。田中貢太郎是明治大正時期作家，熱中閱讀中國古典小說如《紅樓夢》或是《聊齋誌異》、《剪燈新話》等怪談以及中國歷代的傳奇小說，他擅長撰寫妖魔怪談故事，本書收錄作品〈鮭魚作祟〉也是其中一篇精采的作品。故事描寫一對在利根川河口以打漁為業的貧窮夫婦，他們平時漁獲收入不佳，每年就靠著鮭魚回流時期拚命捕魚來貼補家用。某天夜裏漁夫老公要太太倒了些酒以及一些蕎麥麵來為明天即將開始的鮭魚期祈求一個好兆頭。就在食用蕎麥麵之際，門口來了一位和尚，漁人夫妻便邀請他進來用餐，閒談之中聊到了明日將開始鮭魚捕魚季，和尚告訴漁夫捕魚殺生可是罪過，會有報應的。和尚的話竟給漁夫夫婦的命運帶來重大變化……據傳故事中的算命師即是大陰陽師安倍晴明，而漁夫的女兒即是苦戀安倍晴明的延命姬，祭祀晴明的西安寺，據說若到此求神必能有豐收漁獲。

本書中除了蕎麥麵與烏龍麵之外，亦有多篇作品提及拉麵，如永井荷風的〈街頭聲響〉、豐島與志雄的〈庶民生活〉、久保田萬太郎的〈夜市攤販〉。拉麵在明治大正時期又被稱為南京蕎麥麵、支那蕎麥麵，戰後則改稱為中華蕎麥麵。隨著明治時期的開國，不只鎖國時期的長崎、之後開港的橫濱、神戶、函館等地大量的中國商人湧入聚集成南京街（唐人街）中國城，各自爭相開設中國餐館麵店，也將當時日本少見的以雞骨、豬骨為主的肉類湯頭帶入了日本的麵食飲食中，逐步發展成現今的拉麵。在〈街頭聲響〉文中，耽美派作家透過街頭賣曬衣竿、賣藥郎的叫賣聲、還有拉麵攤做生意時吹的小喇叭聲與嗩吶聲等各式各樣的街頭聲響，高高低低的如走馬燈似的，描繪出時下百姓們的市井生活與感嘆萬物的更迭、消逝。

從蕎麥麵、烏龍麵、拉麵、炒麵等等為題，書中一共收錄了十二篇作品，有鬼氣驚人的怪奇物語、有大文豪的軼事，從戰時拮据困窘的代用主食到夜市裡鱗次櫛比的各式攤販……簡單又濃厚的滋味，跨越時代被流傳至今、琳瑯滿目的國民麵食，並存在有「麵天國」之稱的日本，請拿起筷子來盡情品嘗！

和日本文豪一起吃麵

烏龍麵裡的鬼怪

古川綠波｜ふるかわ　ろっぱ

提到烏龍麵，就讓我想起關西的鍋燒烏龍麵。尤其是加了薄切牛肉片的，更是讓人樂翻天，和東京的鍋燒烏龍麵有著截然不同的韻味……我在飯坂溫泉吃到的清湯烏龍麵，那粗得令人咬牙切齒的麵條，也很不錯。

目前，我每天都到 R 攝影棚去工作，而且每天中午都吃烏龍麵。

這個攝影棚位在相當偏僻的地方，沒幾家餐館，所以我覺得最能讓人安心吃下的，就是烏龍麵了。最近每天午餐都一定會吃烏龍麵，或許是因為這樣，所以肚子總是吃得飽飽的。

其實蕎麥麵也不是不能吃，但我就是討厭蕎麥麵。與其說是討厭，其實是我一吃蕎麥麵就會立刻拉肚子。小時候還不會這樣，是從二十多歲起才開始出現這種症狀。所以，我雖然是個江戶子，卻不能吃蕎麥麵。而我聊吃講食，也幾乎不會出現蕎麥麵的話題。

妙的是，我有個同業叫做榎本健一，綽號榎健，也非常討厭蕎麥麵。他好像是天生就有「蕎麥嫌棄症」，當年他的初戀對象喜歡吃蕎麥麵，榎健竟因此而放棄了和那個女孩的緣分。

我和榎健雖然是同業，但才華、專長卻都完全相反，唯有討厭蕎麥麵這件事，是我們的共通點（哎呀，可不能忘了還有貪杯這一點），真有意思。

再回到烏龍麵的話題。現在每天都要向攝影棚附近那家蕎麥麵店點餐，總會讓我猶豫該點什麼菜色。海帶、蛋花、鴨南蠻[1]、鍋燒，還有古早味的咖哩烏龍麵、狐狸烏龍麵（加豆皮的烏龍麵。當然是從關西地區流傳過來的），還有一款名叫「狸貓」的烏龍麵。我乍聽之下還以為這是什麼（聽說以前勾芡也稱為狸貓），原來是灑了炸麵衣屑的烏龍麵，我記得這樣的烏龍麵，不久之前應該還叫做「西式烏龍麵」才對。

我就這樣每天改點不同菜單來吃，過了十多天之後，我實在是吃膩了，便開始要求店家「給我在咖哩烏龍麵上打個生雞蛋」，或是「幫我煮一碗海帶加狐狸」。

有一天，我左思右想之下，向麵店說：「今天能不能幫我準備一碗海帶加蛋花的烏龍麵？」後來，送外賣的年輕人幫我送餐過來，我說了句：「應該沒人點這種怪餐吧？」送外賣的小哥說：

「不會啊，這叫海帶蛋花，偶爾會有人點。」

「欸？」我大吃一驚。

更令我驚訝的是，送外賣的小哥說了接下來這句話：

「點餐方式有很多種啊！對了，您知道鬼怪嗎？」

我一聽就覺得很有意思。

「鬼怪？哦……原來還有這種烏龍麵啊？」

「有啊。」

「那是什麼麵？」

「喔，就是加了所有配料的烏龍麵。加海帶、豆皮、炸麵衣屑……」

「哈哈哈，這就是鬼怪啊！」

各位看倌，鬼怪竟然是這個！

不過，這個名字把我逗樂了，不禁大讚：「吃烏龍麵的，原來也有行家呀！」

於是，隔天我就趕緊試了一下「鬼怪」。這款烏龍麵還真是夠怪，味道也很奇妙。

提到烏龍麵，就讓我想起關西的鍋燒烏龍麵。尤其是加了薄切牛肉片的，更是讓人樂翻天，和東京的鍋燒烏龍麵有著截然不同的韻味。

我對蕎麥麵不甚了解，但烏龍麵這種餐點，全國應該就屬東京最難吃了吧。

名古屋的碁子麵、京都的大黑屋，與其說是湯頭好，更重要的是烏龍麵本身夠美味。我在飯坂溫泉吃到的清湯烏龍麵，那粗得令人咬牙切齒的麵條，也很不錯。大放厥詞了一番。其實我根本沒有資格談烏龍麵，要是被烏龍麵界的女王——水之江瀧子[2]，也就是小瀧女士聽到了，想必一定淪為她的笑柄。

小瀧愛吃烏龍麵早就出了名，據說她三餐都吃烏龍麵，幾乎不吃米飯。這個傳說我早有耳聞，但直到真正和她往來之前，我並沒有把這件事放在心上。然而，我因為某部電影，而和她一起到海邊拍戲時，才見識到她身為烏龍麵迷（可不是萬人迷）的實力，驚嘆：「原來如此，這可是比傳說還厲害呀！」並大感佩服。她從早上就開始大啖烏龍麵，對配料則是葷素不忌。大體而言，真正嗜吃烏龍麵的人，都是吃熱湯烏龍麵。

小瀧一早就可以吃兩、三碗熱湯烏龍麵。

「綠波哥，來陪我吃嘛！」

聽到她這麼一說，我也跟著在拍戲期間吃了不少烏龍麵。

我會主動找烏龍麵來吃，或許就是從那個時候開始的。

聽說小瀧不只鍾情烏龍麵，其他麵粉類的食物，她也都愛吃。哪裡有好吃的拉麵、餛飩，問她就知道。

戰爭期間，我曾被迫吞下炒烏龍麵等替代性主食。可是，我有生以來第一次嘗到的炒烏龍麵，是在關西地區吃的，而且是早在戰爭開打之前。菜名叫「烏龍麵」，但其實用的是紐革烏龍麵[3]，像炒麵一樣，加入絞肉稍微拌炒而成。這道菜有它的特色，以價格來說，並不是太差的食物。如今東京仍有供應炒烏龍麵的店家，但比起那些泡在湯汁裡吃的烏龍麵，我更愛這一味。

這樣看來，我對江戶前的蕎麥麵，也不敢大放厥詞。

不僅是蕎麥麵館，我對壽司店的了解，也比不上壽司老饕。最關鍵的原因，是我不敢吃鮪魚，所以既不能吃鮪肚肉，也不能吃醃鮪魚壽司。只要一吃鮪魚，我馬上出一身蕁麻疹，甚至紅肉魚也全都無福消受。進了壽司店，我就只能吃小鰶魚、星鰻和煎蛋之類的配料。另外，我很喜歡關西風的活蝦生吃，也就是所謂的「跳舞蝦」；還有，我對醋飯（舍利）的偏好，也比較傾向於關西風那種醋味較淡的舍利，而不是江戶風那種用醋染黃的飯。這下子我身為「江戶子」的招牌，更是掛不住了。

說來俗氣，我其實還很喜歡大阪的押壽司、蒸壽司（溫壽司）等等。不吃魚、不吃貝（貝類是只要名稱有「貝」的，我都不能吃），不，該說是不能吃的我，根本沒有資格談日本菜。出外旅遊時，旅館的餐點，也常讓我一個頭兩個大。給我一桌青菜，遠比那些旅館佳餚好得多。

我對日本料理真的完全不行。

不過，要是換成稍微油膩一點的菜餚，我可就很講究了。

譯註1　以鴨肉和蔥當配料的熱湯烏龍麵。

譯註2　一九一五年生，以男扮女裝的戲劇表演聞名，也是日本女性電影製作人的先驅。

譯註3　扁平的寬版烏龍麵，是群馬縣桐生地區的特色美食。

◎作者簡介

古川綠波・ふるかわ　ろっぱ

一九〇三—一九六一

本名古川郁郎，是一九三〇年代家喻戶曉的諧星。他出生於東京的公爵之家，卻因不是長子而被送到姑丈家收養。古川綠波很早就展現他的文學才華，於小學三年級時為自己取了「綠波」這個筆名，並自國中時開始投稿影評至《電影世界》、《電影旬報》等專業電影雜誌。一九二五年，古川綠波自早稻田大學英文系中輟後，原想潛心寫作，後因模仿各種聲音的表演而踏上演藝之路，還將這種表演命名為「聲帶臨摹」。他在菊池寬和寶塚創辦人小林一三的鼓勵下，轉行成為喜劇演員，紅極一時，曾於一九四五年擔任戰後第一屆「紅白音樂大賽」（紅白歌唱大賽的前身）的白組主持人。

古川綠波的文學作品以電影評論和散文為主。酷愛美食的他，於戰時和晚年經濟困窘下，對飲食仍很講究，著有《綠波食談》和《悲食記》這兩本專談飲食的散文集。

烏冬麵

佐藤垢石｜さとう　こうせき

從那天之後，哥哥每天傍晚放學回到家，都要吃兩碗湯烏龍麵，吃完還會露出一臉差強人意的表情。他畢竟已經是個中學生了，放學餓著肚子回到家，才吃個兩碗湯烏龍麵，根本就不夠。我記得自己當年也是如此。

物價飛漲，處處都有著同樣為求溫飽而奔波勞碌的家庭，我家並非特例。尤其像我家這種從鄉下來的，感受更是加倍深刻。

我內人和孩子們都愛吃蔬菜。昔日住在山城[1]時，我們一家除非逢年過節，否則連鹹魚乾都吃不到，因此養成了每天都得要吃大量蔬菜的習慣。所以我們會如此鍾情蔬菜，應該是免不了的吧。

然而，最近十錢[2]只能買到六、七根蔥，蘿蔔一根要價二十五錢，一把小松菜則要十三錢，芋艿一個賣到十錢，實在是令人買不下手。我內人總是在廚房哀聲嘆氣，說住在家鄉的時候，想吃多少芋艿、葉菜，都能到屋前的田地裡摘，可是，最近吃菜簡直就像是在吃錢似的。因此，家裡吃菜的量，自然也就減少了。雖然悲慘，但也無可奈何。

此外，既然搬到了大都市，愛上生魚或肉類的滋味，也是很自然的。還有，買米、味噌、醬油、砂糖等物資，也和一年前大不相同——就算帶錢去買，店家也不會輕易出售。至於木炭，則要出動全家人，分頭拜託親戚朋友施捨。

前幾天，我和內人正在感嘆一切都是因為時局不好，凡事都要盡量節省時，町會[3]的幹事上門發了一大張傳單。仔細一讀之下，發現是政府想鼓勵大家節省米糧，只要民眾改吃烏龍麵或麵包，政府就會提供高額獎勵。家裡的兩個孩子看了之後，開心得拍手叫好。

「媽媽，我最喜歡吃烏冬麵了。」

老大眉開眼笑地這麼說。當年因為母奶量太少，所以這個孩子從小就被迫要習慣吃烏龍麵，也因此而鍾情烏龍麵迄今。先前住在鄉下時，他都是說「烏龍麵」；搬到東京之後，這孩子不知道是從哪裡聽來的，現在都改說「烏冬麵」了。

「我要麵包。」

妹妹接著說。不知道為什麼，這個孩子從小就愛吃麵包。

從那天之後，哥哥每天傍晚放學回到家，都要吃兩碗湯烏龍麵，吃完還會露出一臉差強人意的表情。他畢竟已經是個中學生了，放學餓著肚子回到家，才吃個兩碗湯烏龍麵，根本就不夠。我記得自己當年也是如此。

至於妹妹則是說早上要吃麵包，午餐便當也想帶麵包。還說早上吃麵包的時候，請幫我泡紅茶加方糖；吃便當的時候，只要配三盆糖就行了。

內人大驚失色。這些烏龍麵和麵包，如果是每週吃一次，至多兩次，家計還能勉強支應；每天這樣吃，我們根本就負擔不起。麵包一斤[4]要二十五錢，湯烏龍麵兩碗就要花二十錢，還有砂糖、紅茶、奶油等配料，林林總總加起來，一天恐怕要花六、七十錢。

除此之外，正餐還是要吃。換句換說，這些麵包和烏龍麵根本就是多吃的。這樣下去，負責買菜餵飽全家的人實在是吃不消，便問我：「有沒有辦法讓他們別再吃烏龍麵和麵包？」——因為這些原委，這件事成了內人的一大難題。

原來如此。這的確是一大開銷。

於是，我試著想了一些讓他們別再吃麵包和烏龍麵的辦法。可是讓孩子們知道家中經濟現況，似乎也不太妥當。我把他們找來，說：「你們應該知道，烏龍麵和麵包，都是用麵粉做的吧？可是，現在日本並沒有充足的麵粉。我務農那時候，小麥一石[5]的價錢，大概是八、九圓到十一、二圓，現在已經要賣二十三、四圓了。」

「這是因為政府要防止加拿大和澳洲的麵粉大量賣到日本，對它們課徵高關稅，才會讓日本種植的小麥，價格變得像現在這麼貴。不過日本的小麥產量已比當年增加不少，行情卻還是居高不下，原因在於日本開始要外銷麵粉了。要是你們再這樣大口猛吃烏龍麵和麵包，日本的糧食就會減少，害我們日本人兩頭落空、白忙一場。你們還是像以往一樣，只吃七分白米。[6]如何？」我向他們兄妹曉以大義。

　選擇說明小麥的重要而不談家計，或許是一種顧左右而言他的做法。然而，兒子卻對我說：

「可是區公所發的傳單，不是在鼓勵我們多吃烏龍麵和麵包嗎？」

妹妹也跟著附和：

「對啊，爸爸真是搞不清楚狀況。」

兩人都沒把我說的話當一回事。

孩子們並不明白，政府發的那些通知、布告，根本沒考慮到每個家庭的家計狀況。我想這應該是投訴無門了吧。

譯註1　佐藤垢石在二次大戰期間，避居出生地群馬縣。

譯註2　一日圓等於一百錢。日本在戰後發生嚴重的通貨膨脹，一九四五年時，雞蛋在東京的市場公定零售價約為二十九錢，一九五〇年時已漲到十五圓；砂糖從一公斤一圓漲到三百一十圓；寄明信片的郵資，也從五錢漲到十五錢。

譯註3　約相當於村里自治會。

譯註4　分量約等於十二兩吐司模烤出來的一條吐司。

譯註5　約一百五十公斤。

譯註6　相對於完全碾除胚芽的白米，「七分白米」是只碾除七成胚芽的胚芽米。其他還有「三分白米」、「五分白米」等不同碾米程度的胚芽米。

◎作者簡介

佐藤垢石・さとう　こうせき

一八八八—一九五六

隨筆家、釣魚評論家。本名佐藤龜吉（かめきち），出生於群馬縣。熱中釣魚，筆名「垢石」為釣魚用語。曾任報知新聞社記者，以「香魚友釣法」、「狸汁」等主題大量發表隨筆，對日本現代釣魚評論有重大貢獻。此外亦擅寫旅行、飲食、酒文化、豔笑譚與政界八卦等，以高妙的漢文素養及輕巧灑脫的態度聞名，曾出版《香魚友釣法》、《隨筆狸汁》、《垢石釣遊記》等。雖非正統文學家，卻以庶民派雜文家之姿而備受小說家井伏鱒二、瀧井孝作好評。

吃烏龍麵的人

宮本百合子｜みやもと　ゆりこ

堆在客廳裡的，偏偏就是烏龍麵。這對她們三個人來說，還真是不巧。一年級這位老師，告訴平常私交甚篤的好姊妹說「沒有」的烏龍麵，竟出現在這裡，對她們彼此而言，是多麼地尷尬呀！

儘管廚房裡的各項食材日漸短缺，今日我們仍不辭辛勞地努力，想烹調出能為身心帶來些許滋潤的餐點。

米糧銷售改為糧票制[1]之後，應可消除近來民眾大聲疾呼的憂心與不便。然而，如今在社會上也聽到了一些呼籲「把米當副食」的聲浪。倘若憑糧票配給的白米，也隨著這個思維而出現配給減量的趨勢，那麼日本人把「在地米糧當飯吃」的觀念，勢必也會被根本性地扭轉。

因為現在我們過著連麵包、馬鈴薯和地瓜都買不到的生活，聽到「把米當副食」這種說詞，自然會感到茫然不知所措，質疑「那我們該上哪裡去找主食？」

我們堅持吃米飯的這個傳統習慣，近來已逐漸改變。然而，當前這一波「把米當副食」的聲浪，喚醒我們心裡的迴響，出現「有什麼食材能成為新的主食？這種新主食在哪裡？該怎麼吃？」等念頭。

在《婦人之友》的三月號當中，公布了一份食物調查報告，以作為今後打造「國民餐點」的根據。這份資料統計了目前在工廠任職的男女員工、上班族、職業婦女、學生、農戶、商家吃的餐點內容，以及他們現在想吃的食物，很有參考價值。在大眾想吃的食物當中，甜食和炸天婦羅佔了絕對多數。這個事實，也和我們的實際感受相符。

這份食物調查的分類做得相當仔細，但不知為什麼，就是少了和家庭主婦有關的調查項目。家庭主婦的勞心傷神、戮力奉獻或無知，很可能導致了勞工便當量多質不精的結果；而所謂的替代食材，其實就只有烏龍麵，孩子們早已倒盡胃口。既然已經調查出大眾的日常飲食和想吃的食物，我認為需要再更進一步，針對家庭主婦現在「最迫切想讓家人吃什麼」、「最想要什麼」等實際現況，進行統計。家庭主婦忙著為家人張羅食物，自己卻陷入慢性營養不良的狀態，在日本已不是一天兩天的事。當家庭財務吃緊的情況超過一定限度時，家裡的太太、媽媽這些女性，總會選擇讓自己先餓肚子。今日家庭主婦普遍面對的困境之一，就是米飯分量如何拼湊、變通，而在這個問題上，主婦選擇「讓自己先餓肚子」之類的現象。因此，除了調查在外用餐的民眾之外，還要統計這些居家主婦的意見，才能成為一份最全面、最值得用來評估國民餐點課題的參考資料。

一份研究國民餐點的資料，若要匯整家庭主婦的意見，我認為搭配鄰內的傳閱板進行調查，並無不可。能想到用「鄰」這種行政編組來守望相助，卻沒想到把它用來進行這樣的調查活動，應有值得省思之處。

透過《主婦之友》的調查，也實際反映出烏龍麵在「民眾想吃的食物」中敬陪末座，可見大家近來還真的是三天兩頭就吃烏龍麵。不過，人類心理因為這些烏龍麵而出現的微妙變化，也顯得既可笑又可悲。

在某一所小學裡，有三位女老師一直都是好姊妹。從今年起，她們之中有一位成了五年級的班導師，一位帶一年級，另一位則是唱遊老師。三人感情好到每天放學都一起下班。有一天上完課，準備進入放學前的導師時間時，教室門唰地打開，一年級的那位老師把頭探了進來。

「下課了吧？」

「嗯。」

「那我打擾一下。」

她箭步走進教室，把寫了字的紙條，交給一位家裡開南北雜貨店的同學。五年級這位班導師，下班回家後也是個家庭主婦，看了這一幕，直覺想到：「哈哈哈，應該是向學生家買蛋之類的吧！」畢竟這位家裡開雜貨店的女孩，是一年級這位老師教過的學生。

女孩的班導師基於女人的購物心態，順口對這位拿信來給學生的老師說：

「有賣烏龍麵嗎？」

「她說沒有。」

一年級老師說完後，便離開了教室。

五年級的班導師沒把這件事放在心上。隔天，三人一如往常結伴回家的路上，五年級班導師因為染布的事，得先到一年級那位老師家去一趟。

「只要一下子對吧？那我也一起去吧！」

唱遊老師也加入了她們的行列。三人來到一年級這位老師家，卻發現她家客廳裡有著堆積如山的乾烏龍麵條。老師家的女傭一看到她，便喜孜孜地報告：

「信濃屋送烏龍麵來了。」

女傭口中的信濃屋，就是那位現在就讀五年級，收了老師信函的學生家。

堆在客廳裡的，不是別的，就是烏龍麵。這對她們三個人來說，還真是不巧。一年級這位老師，告訴平常私交甚篤的好姊妹說「沒有」的烏龍麵，竟出現在這裡，對她們彼此而言，是多麼地尷尬呀！要是當時沒說那句「沒有」，老師向學生家長開的店家下單買東西，在這個社會上應該不是首開先例，那現在就沒什麼好慚愧的了。可是那些當初說了「沒有」的東西，現在就在眼前，而且還是滿坑滿谷地堆在眼前，再怎麼樣都說不過去。低年級的老師板著臉，嘴裡說了些藉口，一邊把五束麵條分給五年級的那位老師；至於那位唱遊老師，低年級老師說她不是住自己家裡，所以連一束麵都沒分給她。

兩位老師把拿到的烏龍麵用布巾包好，來到了大街上。兩人對那位低年級老師的做法，自然萌生了相同的感受——當中帶有類似公憤的情緒，也有著友誼被破壞的傷痛。

低年級老師的先生剛好在場。想必他對太太的尷尬情況一無所悉，頻頻開口說：「也讓唱遊老師帶一些回去嘛！」而低年級老師則是拚命阻止，回說：「她不用啦！」這個光景也很有趣。其實不分給她，應該不只是因為唱遊老師沒有家庭。她不是南北雜貨店女兒的班導師，想必也是原因之一吧。

日本有一個落語[2]段子，名叫「烏龍麵店」。

在新村出[3]的《辭苑》[4]當中提到，有人用「吃烏龍麵的人」比喻工作笨拙的人。

宮本百合子・みやもと　ゆりこ・一八九九—一九五一

譯註1 一九三九—一九四〇年前後，由於朝鮮半島（當時為日本殖民地）和西日本發生旱災，導致日本國內業者搶購、農家惜售稻米，市場上米糧供應不足。在東京和大阪等需求旺盛的大都市，市面上幾乎買不到米。於是便在當時的農業主管機關——農林省主導下，在日本全國各地推動糧票制。

譯註2 類似單口相聲的傳統表演藝術。

譯註3 新村出（Shinmura Izuru，一八七六—一九六七），東京帝國大學畢業，京都帝國大學教授。新村博士於一九三六年自京都帝大退休後，正式投入字典編輯工作，並於一九五五年出版日本第一本規模完整的日文字典《廣辭苑》，被譽為最能了解日本人生活、文化的一部字典。

譯註4 日本最知名字典《廣辭苑》的前身。由博文館出版，新村出編著，一九三五年出版後，旋即成為暢銷書。後因改版增訂等諸多因素，更名《廣辭苑》，並轉由岩波書店於一九五五年出版。

◎作者簡介

宮本百合子・みやもと　ゆりこ

一八九九—一九五一

小說家。出生於東京小石川，舊姓中条。一九一六年進入日本女子大學英文系就讀，十七歲發表以窮苦庶民生活為題材的小說處女作〈貧窮的人們〉，獲得「天才少女」之美譽，之後陸續發表〈陽光燦爛〉、〈豐饒土地〉等小說確立文壇地位。一九二八年前往蘇聯拜見社會主義文學奠基者馬克西姆・高爾基，歸國後加入日本無產階級作家同盟及共產黨，在寫作之外亦參與政治活動，曾多次因與政府思想牴觸入獄。入獄期間寫給丈夫的四千多封書信後結集成冊，以《十二年的書簡》為題出版，展露戰時知識分子的精神光輝。戰後發表〈播州平野〉、〈道標〉等小說，帶領民主主義文化與文學運動活躍於文壇。

小花

林芙美子｜はやし　ふみこ

小由把昆布和小魚乾放進一個大棉布袋裡，泡進一個像是五右衛門鍋的鐵鍋裡，用文火稍微熬煮，製成一鍋高湯。在等待熬製的過程中，小由的工作就是要灑掃玄關，擦拭板凳（椅子）和檯面。

一

這是個很久以前的故事。小由曾在烏龍麵店當過服務生，儘管時間很短，但因為這是她的第一份工作，所以當她走進一個像陰暗倉庫的房間，還聽到別人說「這是妳睡覺的地方」時，她頓時一動也不動地僵在原地，眼淚便撲簌簌地掉。

當年那家烏龍麵店，位在離港市「尾道」搭船約將近一小時的地方。大家都說那個地方叫做「innoshima」，小由還以為字是寫成「犬島[1]」，後來才發現別人幫她買的船票上寫著「因島」。小由在這座島上，度過了短暫卻孤獨的三星期。

小由家裡沒錢買背籃或行囊那種昂貴的東西，所以她身上帶的，就只有裝在襯衫空盒裡的一、兩件換洗衣服，四、五張空白明信片，和一本顏色泛青、破破舊舊的《弓張月》[2]，是馬琴寫的書，好像還帶了一瓶會散發烏龍麵粉香氣的化妝水。小由小時候得過麻疹，臉上有雀斑，因此媽媽把這瓶散發著烏龍麵粉味，不知何時買的化妝水交給她，對她說：「到了海邊，妳的雀斑顏色就會變深，擦點這個會比較好。」然而，她在島上停留期間，完全沒擦過這瓶化妝水。儘管在陽光毒辣的白天，讓她的雀斑看起來的確很顯眼，但她的皮膚很白，所以這些雀斑反而讓她顯得很可愛，小由也從不曾因此而感到難受或丟臉。

剛到島上時，她覺得很害怕，不敢到烏龍麵店去，便在堤防邊看船當消遣。時序已是秋末，大海和天空一樣，靜靜地閃現波光粼粼。從渡口往上不遠的高台上看，有一座白色的醫院。醫院裡所有堪稱「窗」的窗戶，全都對著大海，窗上的玻璃閃閃發光，就像戴著眼鏡的人似的，看起來很新潮。醫院的石階下方，有個攤子賣著今年首批鮮採的橘子，看來似乎很酸。攤子上擺放著許多彈珠汽水的瓶子，有個貌似和小由年紀相仿的女孩，拿著一把髒得發黑的木製開瓶器，專注地用它抵著彈珠汽水的瓶口。

「唉呀！根本打不開嘛！阿姨，這是怎麼回事？」

「那妳再換別瓶試試嘛！」

原本從和服腋下開口伸出了柔嫩手臂的女孩，把手臂收回衣袖裡，改從袖口伸出手，抓著袖擺，用手按壓開瓶器。女孩的下唇上有一顆痣，眉毛很濃。她的頭髮往後梳成桃割[3]髮型，繫著銀色的丈長[4]，應該是島上置屋（藝妓館）家的女兒，應對俐落大方。她打開了彈珠汽水，卻不知為什麼只把瓶口塞在嘴裡，汽水並未快速減少。小由內心漸漸萌生許多不確定，心裡也開始出現陰影，但一聽到彈珠在汽水裡發出筐啷筐啷的聲響，她便想喝得不得了，就像個小孩似的。然而，家裡既然都已經需要她外出工作，可見幫她買船票，再為她準備一個沒孔的五錢白銅板[5]，就已經是家中的極限了。這個五錢白銅板，是小由的媽媽耳提面命，說不知道她此行會有什麼狀況，所以要她好好帶在身邊的一筆錢。

「彈珠汽水一瓶多少錢？」

「三錢。」

女孩露出白牙笑著說。小由心想「那買橘子水[6]好了。」正準備伸手要拿，女孩就迅速地拿了一瓶彈珠汽水，說：「我來開。」接著就又抓起袖擺，拿著那個滿是污垢的木製開瓶器，興致勃勃地靠在彈珠汽水的瓶口上。

「橘子水一瓶多少錢？」

「那個賣一錢。妳不買彈珠汽水了嗎？讓我開嘛！」

小由聽了那個女孩的話，改喝彈珠汽水。因為她想請女孩幫忙開瓶，然後趕快和女孩一樣，一邊筐啷筐啷地轉動瓶中的彈珠，一邊喝汽水。小由才開口說：「那給我彈珠汽水」，話還沒說完，女孩就往瓶口用力一壓，「蹦滋」一聲開了瓶。

兩人就在攤子前，讓彈珠發出筐啷筐啷的聲響，再喝下彈珠汽水。

「我喜歡壓開彈珠汽水上的那顆彈珠。」

女孩睜大眼睛四處張望，想找找還有沒有其他人願意來喝彈珠汽水。連建築工人經過，她也說：「要不要喝點彈珠汽水啊？」儼然就像是成年女人的口吻和姿態散播笑容。「沒人要喝彈珠汽水了嗎？壓開彈珠很好玩欸……」後來，她們兩個人聊了很多。這個幫忙開汽水瓶的女孩，還陪原本不太願意去烏龍麵店的小由到店裡去。

二

小由的工作，是每天都要比大家早起，到店裡打開前、後門，接著熬烏龍麵用的高湯。清早搭船的旅客，或到港下船的旅客，會在門口說聲：「可以吃烏龍麵了嗎？」就走進店裡。店裡就是看準了這些客人的需求，才會一大早就開門做生意。小由把昆布和小魚乾放進一個大棉布袋裡，泡進一個像是五右衛門鍋[7]的鐵鍋裡，用文火稍微熬煮，製成一鍋高湯。在等待熬製的過程中，小由的工作就是要灑掃玄關，擦拭板凳（椅子）和檯面。檯面上放著筷筒，因為太太很吝嗇，不肯用衛生筷，所以才會用這些塗了竹青色的筷子，只要洗一洗就能長久使用。她還要把佐料用的蔥切成蔥花，放在大盤子裡端出來，再把椅子搬到門口後，直到高湯沸騰之前，小由都會坐在門口的這張椅子上發呆。坐在椅子上看出去，這座小鎮就像山谷一樣卑微，因此雖然它位在海邊，卻令人覺得它像一座總是陰暗的山城。不知是否因為兩側屋舍的屋簷都很低矮的關係，這裡總讓人覺得很鬱悶，就像是眉毛上沾到了煤屑似的。小由清早就望著這樣的小鎮，一邊坐在椅子上發呆。不一會兒，那個替她開了彈珠汽水的女孩，就沿著家戶的廊檐走去上學。女孩名叫雛子，她果然如小由所料，是置屋的女兒。雛子其實還有另一個名字，但因為這個名字實在太怪異，讓小由總覺得她很可憐。建築工人或車伕們有時故意開她玩笑，用那個怪異的名字叫她，但雛子絲毫不以為意，還會很可愛地回答：

「怎麼啦？」

「小雛，妳今天有縫紉課啊？」

趁著早上打招呼時，問雛子要上什麼課，是小由的一大樂事。雛子蹲在小由的椅邊片刻，說了句：「累死我了！」便把整包行李丟在小由的大腿上。

「今天有自然課，要學春天的草花。小由，妳知道菫菜有很多種嗎？」

「妳是說相撲草[8]嗎？我不知道欸……」

「嗯，有很多種喔。我來告訴妳吧！呃……有麓菫，還有短毛菫菜、白花地丁、毛丸葉菫、球果菫菜、紫花菫菜，還有鳳凰菫菜、陰地菫菜、丸葉菫、長葉菫細辛、胡菫菜、長萼菫菜、紫花地丁、如意草、小深山菫。怎麼樣？種類很多吧！」

雛子翻開她那本用紅棉線綁著泛黑四切紙[9]製成的筆記本，把自己畫的那些菫菜拿給小由看，但每朵花都像是兔耳朵似的，沒一朵令人滿意。

不過，這些詭異的菫菜在加上說明之後，總算讓小由認識了丸葉菫、鳳凰菫菜等。陰地菫菜的圖上，還拉出了一條線，旁邊寫著「這裡是白色」，以及「生長在樹蔭下，從雞蛋色的根部長出幼苗，是它的特色。無莖，葉片有柄、根生，呈橢圓形，邊緣則為鈍齒狀，長有細毛，花小而少，顏色偏白，上有紫色線條。」等困難的字句，令人似懂非懂。

「我們老師教了一些課本上沒有的，所以很難。」

雛子又從和服腋下開口處伸出兩隻手臂，彷彿像是她一貫的習慣似的。接著她說了聲「感謝」，便站起身，把小由腿上的行李拿走。

「喂，阿龜，妳還在那裡做什麼？上學會遲到喔！」

理髮店的兒子明明是雛子的同學，說話的態度卻很高傲。雛子露出不屬於少女的嬌笑，回他說：「你是想和我一起去學校吧！」八成是因為這些孩子的爸爸們常到置屋去，叫慣了「阿龜」這個名字，所以鎮上的男孩們都會「阿龜、阿龜」地叫，用雛子的另一個小名稱呼她。

三

對小由而言，剛到島上來的第一個星期，簡直是漫長又教人厭惡。後來她漸漸看慣了島上的風景，心裡也萌生了一股無可奈何的平靜。在這座島上，海水幾已漫到山腳邊，因此夜晚不是很熱，家家戶戶都會有人走到室外，高聲地和左鄰右舍、對街鄰居閒話家常。這些閒話家常的內容，多半是島上的事，而小由最常聽到的，就是一個名叫阿陸的男人婆的事。這位阿陸是島上一流置屋的老闆，雖然是個女人，卻把頭髮剪得像男人一樣短。她會身穿瀟灑的筒袖[10]和服，腰間繫著角帶[11]，角帶上掛著煙盒，帶著兩、三個年輕女孩，慢條斯理地走在大街上。即使看在男人眼中，她都算是個威風八面的人物。她在街上對人問候搭話，說：「生意好嗎？」的背影，小由覺得看起來很魁梧，彷彿只有一個腦袋露在屋簷上似的。雛子是這位阿陸老闆的養女之一，但她叫阿陸老闆「爸爸」，還會說「我爸爸是個悠哉的人」。小由常負責外送烏龍麵到這位阿陸老闆家，只要阿陸老闆在，一定會從煙盒的錦囊袋裡，拿出一錢銅板丟給她。

在鎮上的街談巷議當中，阿陸老闆儼然已像是傳說般的人物。她出手闊綽，有兩、三位小妾。而這群小妾還能相處和睦、互助合作，共同經營一家很有規模的餐館。因此在這個小鎮上，大家談論阿陸老闆時，早已超越「稀奇」的等級，甚至還進入了一種「小鎮之光」的境界。

「聽說阿陸老闆要在荒神山蓋噴水池呢！」

「哇，真的啊？說不定哪天她連公園都蓋得出來。」

「女人也有她這麼能幹的呀……」

有一天，阿陸老闆緩緩地走進了小由工作的烏龍麵店裡，天南地北聊了好一會兒之後，瞄了小由一眼，說：「要不然小由能不能借我？今天有兩、三個大阪來的律師，店裡女孩子不夠呀！」

傍晚，雛子帶小由去了鎮上唯一一家公共澡堂。回來之後，負責梳頭造型的助手，在小由的頭髮上繫上了銀色的丈長，還梳了一個桃割的髮型。

「真好看吶！」

「真是個漂亮女孩……」

小由看見鏡中那個不一樣的自己，並沒有顯得特別驚訝。髮型梳好之後，她便走到房間裡的角落，僵硬地正襟危坐著。其他來幫忙的女士們看到小由，都會哄她開心，說：「我還以為是哪裡來的藝妓，原來是烏龍麵店的妹妹呀！真漂亮啊！」但小由還是不發一語。雛子拍拍她的肩膀，對她說：「要稍微笑一笑呀！」

小由覺得自己比較喜歡那個上學時的雛子。晚上在這種地方看到的雛子，是連對只看一眼的男人，都會賣弄風騷，說著她那句口頭禪「我又不喜歡你」，還一再地露出母貓般的眼神。

「小由，去廚房拿酒壺來。」

小由拿著熱酒壺，跟在雛子後面。雛子回頭，皺著眉頭對她說：「我的老師也來了，妳要拿好，可別弄掉啦！」

寬敞的包廂裡，有兩、三位帶著醉意的男人，聽說是民意代表，跪坐著高聲討論著興建港口的問題。雛子的老師身穿立領上衣，脖子上圍著像領帶似的黑圍巾，坐在末座津津有味地吃著橘子。

包廂中央處開始有人跳起了手踊[12]，也聽得到有人擅自播起了歌曲，滿室喧鬧不已。小由茫茫然地站著看。

「老師只吃橘子，怎麼？您不喝酒啊？」

「我不會喝。」

雛子身旁這位年輕的老師刻意摟了她的肩，說：「妳真是個可愛的女孩」。雛子像二十四、五歲的女人般，露出老成的笑容，嘴上一邊說：「我又不喜歡你」，一邊狠狠地捏了老師的大腿一把之後，快步逃到小由身邊——這些舉動，應該是學藝妓姊姊們的吧。

四

過了兩個星期之後，小由心裡湧現了莫名的空虛。她還是個少女，夜裡卻為失眠所苦。經營烏龍麵店的這家人，是由四十歲的太太當老闆，家裡還有太太的父母和一個弟弟。這一家人彷彿是把生氣、哭泣和歡笑，都遺忘在某處似的。小由來到店裡幫忙之後，他們的態度，就像是小由早就生活在這裡似的——小由就算出紕漏，這家人既不會罵她，也不會唸她。

太太負責管理家中的鑰匙；而太太的弟弟整天騎著腳踏車，在島上到處配送批發的烏龍麵；兩位老人家則是擀擀麵，或從鎮上共用的水井打水回來。這一家人的日子，比時鐘還更一絲不苟。小由或許是因為還沒完全褪去孩子心態，所以反而會覺得人家要大聲斥責她才好。起初她覺得不論如何，這就是一份工作，因此一早起床，就趕緊把裝有小魚乾和昆布的高湯袋放進鍋裡，接著再生火，然後再把佈滿煤灰的板凳、檯面和櫥櫃等擦乾淨。但隨著日子一天天過去，無所憑依的紡錘，讓身體裡的力量逐漸鈍化。

每天過了中午之後，小由都要到海邊的空地，把熬過湯的食材攤在草蓆上曬乾。對小由而言，這是一段很開心的時間。身材嬌小的護士們，從醫院的窗戶探出頭來，望著港口唱「我主耶穌，耶穌愛我」之類的讚美詩歌。小由深深覺得白色代表純潔，心裡總想著自己也要好好讀書，才能成為一個會唱那些歌的女人。雛子口中哼唱的那些三味線歌謠，小由都能當天就學會；但護士們唱的這些歌，小由卻一直記不得。可見在小由的心目中，護士們就是這麼偉大。

小由有時也會負責外送烏龍麵到這家醫院。這裡的女人們，做什麼事都像軍隊一樣，點的烏龍麵也總是一碗五錢的招牌烏龍麵。分成五層的外送盒，裡面擺滿了烏龍麵。嬌小的小由提著它走上石階時，感覺分外吃力。與其跑這一趟外送，不如送去像阿陸老闆那樣的人家，一次只點兩、三碗麵，但每碗都是有配料的高價商品，要提要端都很輕鬆。

外送到護士們的宿舍時，只要是晚上，那些在窗邊唱著讚美詩歌的女人，就會褪去平時穿的白色上衣。而且教人意外的是，她們有時也會唱雛子唱的那些下流歌。當小由說：「呃，我送烏龍麵來了」，並準備打開外送盒的蓋子時，她們就會一個個朝著小由快步衝過來。

小由回到倉庫房間躺平之後，總會寫信給媽媽，說自己很想回尾道。小由還不像有能力外出謀生、獨當一面的女人那樣什麼事都懂，離開大片陸地，來到島上生活，想必一定會有這個年齡該有的孤寂感受。有時候，小由在白天也會擺出一臉茫然、百無聊賴的表情。雛子放學時繞到小由店裡，會吃著烏龍麵對她說：「小由在發呆，看起來就像是陸地上的漁夫一樣。」

雛子身上隨時都帶著二、三十錢，裝在蜜桃色的穆斯林薄布束口袋裡。想必是那些藝妓姊姊或客人給她的吧？小由覺得這實在是太誇張了。還是小孩子的雛子，束口袋裡總有二、三十錢在進出，但只要偶然看到認識的男人走進烏龍麵店裡，就會使出她的看家本領——像是要勾魂攝魄似地說：「我又不喜歡你，你進來這裡做什麼？」

「不喜歡我也沒關係，我可是最喜歡阿龜妳啦！」

看了雛子那雙彷彿會勾魂攝魄的妖豔眼睛，幾乎每個男人都會這樣說。

這座島上有造船廠，所以有很多從都市輾轉來到這裡的瀟灑男人，養刁了雛子看人的眼光和看事的心態。雛子不管身在何處——在阿陸老闆家，或是在鎮上走，都和這座島上的氣氛相映成趣，就像是在花瓶裡插了花似的。

她向人攀談時，雙唇自然就會流露出嬌媚，宛如一陣春風；她那鼻樑高挺的長相，有時看起來就像十七、八歲的模樣。

每天早上，雛子總會來到小由坐的地方，說句：「累死我了！」並稍作休息，聊聊當天要上的科目。小由覺得雛子只有這時候才像是她的朋友，常主動和雛子閒聊。

「今天自然課要上什麼？」

「要教薊花。我畫圖畫得很醜，就請老師幫我畫了。喏，妳看。」

紙上畫的圖確實是比雛子高明，但小由總覺得這些薊花，愈看愈像脖子上圍著圍巾的老師。

「薊花也有很多種，我也搞不清楚。喏，我來告訴妳吧！開始囉！煙管薊、野原薊、泥胡菜、南國小薊、車薊、虎薊、鬼薊……我說幾種了？」

「我不記得妳說幾種了。」

「我也忘了。唉呀，真是累死我了。」

雛子用她那雙從和服腋下開口伸出來的手臂，抱著文具用品，帶著一臉比小由更茫然的表情，出發去上學。

五

度過了非常想家的三個星期之後，小由的媽媽終於來接她，並向烏龍麵店的人說：「她還是個孩子，一下就覺得想家，應該不是個好幫手吧。」小由用布巾包起她帶來的襯衫空盒，和媽媽一起走到碼頭。

「妳一定很想家吧？小由，買點什麼東西給妳吃吧？」

小由蹲在攤子前，和媽媽一起吃了紅豆麵包。

商家門前擺放的，是已橙黃的橘子。晚秋的風伴著雲朵，冷冽地在空中吹著。戴著墨鏡的阿陸老闆，找了很多土木工人來，搬運著噴水池要用的基石。小由覺得相較於阿陸老闆，她偶爾會想起的，其實是雛子的身影。沒再見雛子一面就搭船離開，心裡的確有些遺憾。但看著一群孩子，手裡拿著許多開得像煙火的紅色彼岸花在玩之後，小由便像一隻牛似地靠著媽媽，打起了呵欠。

譯註1　「因島」（innoshima）的發音，和日文中「犬島」（inunoshima）相近。

譯註2　江戶時代後期的傳奇小説名著，講述源為朝的故事。全名為《椿説弓張月》，作者是在此類小説中加入儒家因果報應思想的代表作家曲亭馬琴。全集共分為二十九冊，自一八〇七年起，歷時四年才全數出版完畢。

譯註3　日本少女的傳統髮型之一。將頭髮分為左右兩股，在用這兩股頭髮在後腦勺做成圓形的髻，纏上「懸綿」髮飾裝飾即可。古代認為這種髮型令人聯想到桃花初綻，故得此名。

譯註4　以和紙製成的一種髮飾。

譯註5　日本在稻五錢白銅板（一八九七－一九〇五發行）以後發行的白銅板，外觀多為中央有孔。稻五錢白銅板發行的這段期間，東京的紅豆麵包每個售價一錢，一杯咖啡兩錢，咖哩飯一份約為五～七錢。

譯註6　大正～昭和時期流行的一種冷飲，口味酸甜，主要銷售通路為平價零食店。商品名稱雖為「橘子水」，但原料並未使用橘子。

譯註7　造型類似傳統大灶上用的鐵鍋，或小吃攤常見的魯桶。石川五右衛門是日本古代的大盜，相傳在他落網後，全家都被處以活活煮死的極刑。因此後人將這種大型鐵鍋稱為五右衛門鍋。

譯註8　相撲草（sumoutorigusa）在日文裡是堇菜的別名。

譯註9　一〇×十二吋大小。

譯註10　沒有袖擺，袖子設計較接近現代長袖服飾的一種和服，多為小男孩穿著，或用來當作大人的工作服。

譯註11　寬約十公分，長約四公尺，是男士用的和服腰帶。

譯註12　歌舞伎表演中的一種舞蹈型式。不用道具，只由舞者搭配熱鬧的伴奏跳舞。

◎作者簡介

林芙美子・はやし ふみこ

一九〇三—一九五一

暢銷女流小說家。出生於北九州門司市。廣島縣尾道市立高等女學校畢業後前往東京，為求生計做過幫傭、餐廳侍女、小販、廣告員等各種雜務勞動，看盡當時社會底層的人生百態，二十七歲出版自傳體長篇小說《放浪記》確立文壇地位，隨後發表〈手風琴與魚之小鎮〉，以及描寫夫妻日常生活的〈清貧之書〉大獲好評。曾獨身遠赴巴黎旅行，二戰期間更以戰地作家身分前往中國、爪哇、法屬印度高原等地，拓展創作視野與內涵。著有《晚菊》、《浮雲》等代表作，刻畫戰後日本社會男女間的苦澀情感流動，並以《晚菊》獲得第三屆「女流文學者獎」。

單身

森鷗外｜もり　おうがい

大野老爺自己不喝酒，但陪知己好友喝酒時，他總會派人去買烏龍麵回來。這項下酒菜也是請人到烤蕃薯爐轉角旁，隔兩、三間店，有一家門口掛著褪色的藏青門簾，唯有「文六」兩字留白的店家買的。

一

小倉[1]的冬天，其實並沒有太多冬天的氣息。寒風從西北側的海上吹來，掠過長門的一角，把橘子樹的枯葉吹落到院子裡的沙上，發出喀啦喀啦的聲響，再吹到院子裡的各個角落。風把這些葉子當作玩具玩了一段時間，最後終於把它們吹進了緣廊下方。每當這種日子，太陽下山後，家家戶戶都會趁傍晚就關上門窗。

曾幾何時，外面下起了雪，不時還會有傳便碎步跑過時，響起的一陣鈴鐺聲。光是說「傳便」，外地人根本聽不懂。它是在還沒傳入東京前，就已從西方傳到小倉的兩項風俗之一。常磐橋邊聳立著一根圓柱，大家會把廣告貼在那上面。一張張或紅、或藍、或黃的紙上，有些寫著斗大的文字，有些畫著雜亂的圖畫。它們有些是新開幕店家的廣告，還有戲劇等表演的廣告。柱子就只有這一根，這裡貼完，還可貼在大門町的石牆。除此之外，這裡其實不需要更多廣告，所以手寫廣告比印刷廣告的數量來得多。而所謂的圖畫，並沒有像在巴黎市區看到的海報那樣，畫得那麼用心，不過，光是在小倉有廣告柱這件事，就已經很了不起了。這是一項風俗。

另一項則是傳便。海因里希・馮・史蒂芬（Heinrich von Stephan）生於警察國家，他巧妙地在各地布建了郵政網絡，因此民眾在信件往返上，應該沒有任何不便。但郵務是以日、以月為單位處理投遞業務，若要在一天內以小時為單位完成投遞，那麼透過郵政就會來不及。以約人見面為例，若是「明天在某處見面」，透過郵政寄信聯絡就來得及；但若是緊急的變更，要約「今晚在某處見面」，郵政寄信就不行了。這時候，或許會有人選擇打電報，這樣做似乎稍嫌「殺雞用牛刀」了一點，況且如此大張旗鼓的寄信方法，實在是太掃興了。像這種時候，大家一定都會想找「跑腿」。他們身上別著公司的徽章，戴著帽子，站在街頭巷尾，可代送本地信件，也可幫客人把買了卻不便自己提的東西，送到客人家——這就是傳便。客人在託付信件或物品給他們之後，會拿到一張蓋有傳便公司印章的紙，投遞配送其實也不太會出錯。在小倉，所謂的「傳便」，就是這種跑腿。

「傳便」的說明太冗長了一點。在小倉的雪夜裡，當窗外一片寂靜時，便會聽見傳便急促的鈴鐺聲鏘鈴、鏘鈴、鏘鈴、鏘鈴地響。

此外還聽得到溫柔的女聲，沿路有節奏地喊著：「喀哩喀阿喀哩喀，咚扣以沙諾沙[2]」。女人肩上背著像去採集植物時裝標本用的馬口鐵容器，裡面裝著花林糖，手裡拿著小燈籠，沿街叫賣。

傳便和賣花林糖的，一年四季都會出現。但夏天時，賣辻占煎餅[3]的聲音更令人印象深刻，傳便的鈴鐺聲、賣花林糖的女人叫賣聲，就比較沒那麼引人注意了。

像這樣的夜裡，應該也有些人會點起暖爐，可是實際上並沒有那麼冷。隔天早上，洗手盆上會結一層冰。這些冰很少撐得過兩天，最晚到了第三天，狀態就會改變，不管是雪或冰都會融化。

二

事情發生在小倉的某個雪夜。

在新魚町的大野豐家中，有兩位客人約在這裡見面。其中一位是頭髮飛白的法院院長戶川先生，另一位則是市立醫院院長富田。富田從東大畢業後，便來到此地服務，想存一筆留洋的費用。他說現在盤纏已差不多存夠，近日內就會把工作交接給一位姓北川的年輕醫學士，啟程前往海外。富田院長已年過四十，但他的五分頭髮型，卻沒夾雜半點白。他那圓胖的紅紅面容，一看就知道是個愛喝酒的人。

這家的老爺，平時過著極為簡樸的單身生活。他請女傭阿竹去買了幾團烏龍麵，回來在自家廚房煮，再端出酒給兩位客人。這個家泡茶的時候，會派人去買烤蕃薯，據說比本地名產「鶴乃子[4]」還好吃。有個頭綁著手巾的老爺爺，把爐子搬到從常磐橋路口往京町的那個轉角，喊著：「蕃薯、蕃薯，現烤的蕃薯」在兜售。大野老爺自己不喝酒，但陪知己好友喝酒時，他總會派人去買烏龍麵回來。

這項下酒菜也是請人到烤蕃薯爐轉角旁，隔兩、三間店，有一家門口掛著褪色的藏青門簾，唯有「文六」兩字留白的店家買的。

老爺自己只吃烏龍麵。他那絲毫不以為意的臉上帶著笑，看著兩位客人喝酒。他們靜靜地聊著，只有富田偶爾會打破整體氣氛，高聲大笑。這裡離旭町的遊廓[5]很近，聽得到三味線和太鼓的聲響，不過音量已很幽微，所以不會覺得吵。

阿竹從廚房裡走出來，勸大家再吃一些烏龍麵。富田揮揮手，說：

「我吃不下了，烏龍麵就免了。這個家裡要是有夫人在的話，我可不會乖乖地拿烏龍麵來下酒。」

這番話成了導火線，引爆了一番「有妻、無妻」的論戰。其實，今晚在這間屋子裡，已不是第一次從這群人口中發動這場論戰。

這家的老爺當上帝國採炭公司理事長，來到小倉之後，已經過了兩年。這段期間，「大野的單身生活」在小倉成了知名的話題，所以不時會成為問題的焦點。

老爺真的是在完全不近女色的狀態下過活嗎？富田也是對這個問題百思不得

其解的其中一人。於是他這麼說：

「看來小倉並沒有老爺看得上眼的女人。我心想，既然如此，那麼人八成是藏在馬關吧？我很積極地明查暗訪了一番，結果卻是陰性（沒有斬獲）。」

「還真是辛苦您啦！」謹慎的戶川看了一下老爺的臉，才說了這句話。

老爺只是微微地笑著。

富田已帶著幾分醉意，開始把論戰的矛頭指向老爺。「為了身旁的女人們著想，像老爺這樣的生活方式，實在是太危險了，很要不得。」

「你憑什麼這樣說？」

「因為不知道什麼時候會跟哪個女人擦出什麼火花呀！」

「說得好像我是唐璜[6]似的。」

戶川同情這位老爺，有意無意地試圖轉移話題。他拿出看家本領——陰森詭譎、冷淡少話的態度，說起了一個奇妙的故事。

三

戶川伸出雙手靠在火盆邊，蜷著背說：

「所謂的單身生活，大多數人當然都很難平安地貫徹下去。我有個同學教宮澤，這個男人從學校畢業之後，就立刻啟程，前往奉派上任的地點新發田[7]。誠如各位所知，那個地方就是那樣。他在法院附近租了間小房子，雇了一位女傭。同事們勸他討個老婆，他也依然故我。大家紛紛在問：『為什麼？為什麼？』，傳了一陣子之後，曾幾何時，原因竟定調為他的吝嗇。我從學生時代就認識他，知道他並不吝嗇，也不是個拚了命想存錢的那種人。他凡事謹慎，難以壯士斷腕地下定決心，所以想必是很死心眼地覺得自己當司法官的月薪，根本養不起妻小。那個地方畢竟是雪國，有一次，連著好幾個晚上都像今晚一樣，雪下個不停。宮澤自己一個人關在房間裡看書，女傭則是隔著一道牆，在隔壁的房間裡做些針線活。宮澤打呵欠，女傭則是拚命忍著呵欠不敢打。兩人就這樣過了很長的一段時光。有一晚，外面下起了大風雪，雨窗外風聲蕭蕭，院子裡種的竹子，像掃帚掃地般不時地摩擦著窗。到了十點左右，女傭泡了茶端來，說了句：『今晚的天氣看來會很糟』之後，欲言又止了好一會兒。宮澤心想自己很寂寞，貼心地想到女傭應該也很寂寞，便開口說：『對了，妳把那些針線活拿過來這裡做吧，我不會介意的。』於是女傭便喜孜孜地帶著針線活，縮在他房間一角縫縫補補了起來。從此之後，女傭常會帶著針線活，說聲：『應該不會再有來客了吧？』就走進宮澤的房間裡做事。」

富田笑了出來，說：「戶川老弟，沒想到你還個小說家欸！這個故事編得不錯！」

戶川笑著抓抓頭，說：「不不不，其實是因為宮澤後悔極了，鉅細靡遺地向我吐實，我才能說得這麼仔細。後面我就跳著說吧！不過，有一段情節我要具體地描述一下。是這樣的，有一天晚上，女傭說了『晚安』之後，就回到隔壁房間去了。宮澤睡不著，隔著牆壁，聽見女傭嘆氣又翻來覆去的聲響。他聽了一會兒之後，發現嘆氣聲愈來愈大，聽起來就像是痛苦地呻吟著似的。於是宮澤忍不住，開口說了一聲：『妳怎麼了？』話就說到這裡，後面我真的要省略了。」

富田用很誇張的聲音說：「喂！給我等一下。故事這麼有意思，你就乾脆別省略了，把後面的情節也給我交待清楚！」他又加倍地拉大嗓門，說：「喂！阿竹小姐，妳最好來仔細聽聽。」

自始至終都帶著滿臉微笑的大野老爺，皺了一下眉頭。

戶川接著說了下去：「我的故事都被富田打亂了，真傷腦筋。總之後來女傭就不再是女傭了。宮澤馬上就後悔了。畢竟他做的是有頭有臉的工作，這件事要是被發現，連我都知道他恐怕會吃不完兜著走。然而，那位以往簡樸低調的女傭，慢慢地開始畫起妝來，還穿起了花俏的衣服，變得顯眼了起來。宮澤覺得坐立難安，跑去拜訪了女傭的父母，說總有一天會娶她為妻，請他們先把女傭帶回家，還付了一些遣散費。宮澤原以為這樣事情就能解決，沒想到女傭的父母一絲不苟，沒那麼容易打發。宮澤被逼急了，心想就算湊一筆錢，也要和女傭一刀兩斷。偏偏這對父母打定主意，就是不肯收下遣散費以外的錢。人家是真心不想要錢，也別無他法。於是宮澤後來就娶了那個女傭為妻，直到現在都還在一起。如今他在東京已經飛黃騰達，但這個沒讀過書的太太，依舊讓他很苦惱。」

富田啜飲著酒，壞心眼地嘲諷：「沒啦？還真是虎頭蛇尾。早知道是這種故事，我就不誇你了。」

四

這時，門口有人為了弄掉木屐齒上沾附的雪而踏步，聲音傳了進來。老爺養的大狗——約翰本來已經準備吠叫，但後來並沒有叫，只從鼻子發出了聞嗅的聲音。接著又傳來阿竹打開門說話的聲音。

不久，身穿香染[8]外衣的和尚，臉上帶著約兩分長的鬍鬚，走進屋內。他看了看眾人的臉，點頭示意，說：「很抱歉，我來晚了。」同時把摺好的坐具[9]放在自己的右側，然後在戶川和富田之間坐下。

這位寧國寺大師，是曹洞宗的和尚。在金田町的鐵軌附近，有一座長期看來都像廢寺的寺院，名叫寧國寺。這裡的檀家[10]原本是前小倉藩的士族，家族多半已遷居往豐津[11]，寺院才會變得像廢寺一樣。這座像是街邊涼亭擴建而成的寺院，正殿的牆上貼著舊報紙——因為這個和尚最近都住在寺裡。

老爺喜形於色，叫了女傭過來，吩咐：

「如果還有烏龍麵的話，能不能幫寧國寺大師熱一碗？大師身子一定很冷。」

戶川把自己用來烘著雙手的火盆，推到寧國寺大師眼前。

寧國寺大師臉上掛著的微笑，幾乎不曾間斷過。他對著臉龐削瘦的老爺，說起了這段故事。

「我今早出門化緣時，注意到有一大疊狀態完好的《大智度論》[12]，堆在豎町一家小小的舊書店裡。這樣的書竟會零散地出現，我覺得很不可思議。接著我又往府上走，在從錦町往旦過橋方向前進時，途中我又看了一下舊書店，竟發現同樣有一大疊《大智度論》堆在店裡。除此之外，這家店裡還有《法苑珠林》[13]等多種經典。兩家店裡的《大智度論》加起來，應該可以合成完整的一套。」

老爺開口插話：「那應該是刻意拆散，分別拿去賣給不同店家的吧。」

「您的猜測很正確。我大概也知道書是從哪裡賣出來的。這是會讓人想隨時拿來翻查的書籍，一旦拆散了賣，就只有淪為廢紙一途了。我覺得實在是太可惜，便去找東禪寺的和尚商量，請他買下那些《大置度論》。剩下那些書，我猜想或許會有您想過目的，所以過來通知您一聲。」

「太感謝您了。我明天從公所回來時，會過去繞一繞。請請請，烏龍麵要涼了。」

寧國寺大師吃起了烏龍麵。不久，阿竹出來問了一聲：「要不要再來一點？」等阿竹端出第二碗麵時，老爺叫住了她。

「把這邊稍微整理一下，再泡點茶。家裡有馬關的羊羹，切好端出來。還有，富田老弟的酒壺可不能收。」

「當然不能，這個被收走就糟了。」富田的身體蜷得像一隻蝦，還用手護住酒壺。接著，他對老爺這麼說：

「大野老爺博聞強記是很好，你這個學科學的人，佛法的書就算看也看不懂啦！佛法的書留給和尚讀就好了吧？」

寧國寺大師慢條斯理地吃著烏龍麵，臉上依舊帶著微笑。

老爺說：「你會這樣想也無可厚非。醫學書要不是醫師來讀，不僅無益，還可能有害。可是，佛法的書就不同了。」

「這我就不知道了。你光是單身就夠怪了，竟然還皈依三寶[14]，真是受不了你。」

「你又開始攻擊單身了。在我的觀念裡，像你這樣的人，其實也已經皈依三寶了喔。」

「別看我這樣，我其實根本不知道三寶是什麼和什麼。」

「就算不知道，也已經皈依了。」

「就算你想用那種堅白同異的說詞來狡辯也沒用。」

老爺看似玩笑、又像認真，擺出了模稜兩可的表情說：

「不是的。你剛才不是滿嘴『科學、科學』的嗎？其實那也是一種『法』。你們醫生應該也有崇拜的大師吧？也就是所謂的權威。他們其實都是佛，而你們都是僧。大家動不動就想消滅大師，對吧？這就是所謂的權威衝撞，也就是呵佛罵祖。」

寧國寺大師吃著羊羹、喝著茶，依舊保持一貫的微笑。

五

富田定睛看著大野老爺。

「又在講道了。我才說幾句，就發現『哎呀？又被教訓了』。這還真是受罪啊！」他皺了一下眉頭，又接著說：

「我懂了。你請的酒我喝，但端出烏龍麵當下酒菜，還真是讓人吃不消。而且還要被迫聽你講道，更是讓人受不了。」

大野老爺臉上掛著微笑，說：「究竟是誰先開始攻擊佛法的呀？」

「不不不，要是你能停止講佛法，我也不會再謗法。不過呢，我是不會停止攻擊你和單身生活的。我每次去箕村家，下酒菜和這裡完全不同。因為阿梅姊曾端坐在壁龕前轉達神旨，莊嚴肅穆地說：『要請富田吃好菜』，所以我面前總會擺滿山珍海味。」

「我聽不懂你在說什麼。那個箕村是誰啊？還有那個叫阿梅的，為什麼能這麼跋扈？」

「當然跋扈囉！只要她到壁龕前一坐，箕村就會說那是『天降神旨』，退到遠處頂禮膜拜。」

「箕村是誰啊？」

「你說箕村嗎？他是到長濱去開小兒科診所的人。據說他前任妻子因病過世，家中還在守喪時，有一天，有人拿了一尾很大的鯛魚來放在他家。箕村大吃一驚，向街坊鄰居到處打探，折騰了一番之後，當時還是女傭的阿梅姊若無其事，說這是稻荷大神賞賜的鯛魚，接著就立刻動手烹煮，不由分說地要箕村吃下。奇妙之事從這裡開始，後來箕村家就不時出現稻荷大神的指示。就連要箕村和阿梅辦婚禮的神旨，也是從阿梅姊口中說出來的。據說箕村聽命籌辦婚事時，阿梅姊還一臉驚訝，說：『您的新娘是從哪裡來的？』我覺得這堪稱天意，所以就有了『要請富田吃好菜』的神旨。」

「這個女人真是可疑。」戶川插嘴說。

「怎麼？我可不是因為吃人嘴軟，阿梅姊真的是個好太太。聽說她很會照顧人，住院的孩子們都和她很親近，只不過有時還是會出現神旨。」

寧國寺大師原本一直和大野老爺面對面，面帶微笑聽著這段故事。他突然站起身，冷不防地說了一聲「晚安」，讓人根本來不及站起身來送他。

這個和尚總是飄然來去。

風聲蕭蕭。阿竹提著水壺，來為小茶壺裡添了些熱水，還說了一句：「四周都放晴了。」

「那我們該走了吧？」戶川說。

富田大大的臉上，露出了大大的笑容。「可是，我還不能走啊！在過著專業單身生活的大師撤退之際，我得再發動最後一波突擊才行。箕村本來也是單身。我姑且不去追究稻荷大神為什麼會降旨，尤其還挑中那個原本是女傭的阿梅姊。不過總而言之，能夠馬上續弦，對箕村來說是幸福的，因為他沒有任何一天不自在，而我作為箕村家的客人，也不曾感到任何不便。只要家裡的老爺幸福，客人也會幸福。」

不論富田再怎麼糾纏，大野老爺不以為意的臉上，微笑始終不曾消失。

戶川向老爺使了一個眼色，說：「哎呀！都這麼晚了，我們先告辭了。」

他貌似要起身卻又不起身，一再催促著富田：「走吧！你不是也要走了嗎？你要說的我都知道，我都知道了啦！」

戶川終於連拖帶拉地，把富田帶出門外。

富田的腳步稍顯踉蹌地來到玄關，大聲嚷著：「喂！阿竹小姐，我本來還要再喝一壺溫酒，要幫我保留到下次晚上喲！」

大野老爺送他們到門口，對戶川低聲地說：「我幫他叫輛車吧？」

「說什麼傻話！反正順路，我會送他到家門口的。再見。」

六

兩位客人回家之後，家裡突然靜了下來。曾幾何時，旭町的太鼓聲也停歇，四周傳響的，是先前聽不見的海潮聲。

阿竹出來收拾著喝茶、酒的杯壺道具。大野老爺不經意地看著這一幕，突然想試著把阿竹當作女人來看待。

這個女人身材矮小、頭髮稀疏，左右兩眼的大小還有些許不同。剛來到這個家工作時，阿竹瘦骨嶙峋、臉色慘白，模樣顯得文靜乖巧。來到這個家之後，身形逐漸豐滿起來，臉頰也變得圓潤，減損了不少女人味。

目前阿竹的宿舍在小倉附近，哥哥則是在博多開小餐館。哥哥曾勸她：「與其幫人煮飯，不如來幫忙倒酒，我馬上就可以讓妳備妥一筆嫁妝。」所以她去博多待過一段時間。那家店裡的客人都是船員，個個都很粗魯，聽說她後來是因為害怕而逃回來的。如今她是個表裡如一，工作時一心只為老爺著想的難得女傭。不過，大野老爺還是很難把她當作女人來看待。畢竟以往就從來不曾把她當作女人，事到如今才要把她當作女人來看待，幾乎是不可能。因此大野老爺對她，壓根兒沒有半點對異性的那種感覺。

阿竹收拾完杯盤之後，起身準備離開，大野老爺送她出門，臉上不禁泛起了微笑。接著，他開始對自己的冷漠感到有些訝異。

大野老爺對自己這種冷漠的態度異常抗拒，進而喚醒了他想找找自己對異性是否還藏著些什麼感受的心態。

大野的腦海裡，想起了先前在小倉舉辦的戰沒者法會上，所發生的事。當天因為有本願寺門主[15]家族的人到場，所以用來當作會場的帳幕四周，男女老幼擠得水洩不通。大野原本坐在來賓席的椅子上，後來圍觀民眾一直往內擠，最後竟有個梳著島田髻的農家女孩，蹲在大野的兩腿之間。大野聞到了她身上的白粉[16]和髮油香。他原本在聽場中某人的演講，此刻聽來卻全都像是雜音。視覺上看著島田髻小妹身上穿的緋鹿子[17]，嗅覺上聞著她髮絲和皮膚散發的氣息，一時間大野覺得自己的心已完全被她虜獲。那一瞬間，大野確實成了感官的奴隸。他想起當時的光景，不自覺地又露出了微笑。

大野今年就要四十歲。他結過婚，但很久以前就和妻子分手了。住在東京的祖母，對他單身來小倉一事非常掛心，所以每次只要寫信，就會盤問他娶妻的事。今晚大野又收到這位祖母寄來的信，但由於家裡有客人，因此他先把信放在桌上，還沒拆封。

大野把轉暗的油燈芯捻起，在燈下拆開那封信。看到信上那些工整細密的御家流[18]筆跡，大野彷彿看見了祖母戴著牛角框眼鏡的臉龐。

「歲末將至，我掐指盼著閣下到東京來的日子。誠如前封信所言，谷田夫人說能否安排與井上家千金見面，所以今天我去了一趟上野，剛回到家，便提筆寫了這封信。我和谷田夫人先到，富子小姐和母親一同前來。乍見她下車時，那梳著高島田髻的顧盼姿態，實在驚為天人。我大感不可思議，覺得『世間怎會有這樣的美人？』只要見了她，就算是閣下再怎麼討厭女人，應該也不會拒絕。個性部分我只見過一面，不敢妄加論斷，但絕對聰明伶俐。唯一我覺得奇妙的，是我們在茶館休息了一個多小時，富子小姐一次也沒笑過。剛好有一組西洋客人也在茶館裡，因為語言不通，發生了許多趣事。谷田夫人用她那流利的英文幫忙翻譯，富子小姐的母親和我都笑了，富子小姐卻沒露出半點笑容。就如前封信所言，她是個有過不幸遭遇的人，所以和同年齡的女孩有些不同之處，自是理所當然。總而言之，敬候閣下早日至東京，確認我的眼光無誤。謹此。

又，精次郎夫婦也要問候閣下。想必日前交代石崎的一桶龜甲萬已送達。」

大野讀完這封信，點起了阿竹拿來放在桌旁的雪洞燈[19]，並拿著它吹熄了油燈。接下來，大野躺進孤枕獨眠的淒冷床上，不知道會做什麼樣的夢呢？

明治四十三年一月

譯註1　福岡縣小倉市，現已改制為北九州市的小倉北區和小倉南區。森鷗外曾於一八九九年至一九〇二年間，奉派至此地擔任大日本帝國陸軍第十二軍團的軍醫部長。本作品是森鷗外以小倉為背景所創作的短篇小說。

譯註2　「咚扣以」（dokkoi）和「沙諾沙」（sanosa）都是當時的民謠裡，配合節奏打拍子用的字詞。

譯註3　類似今日的幸運餅乾，餅乾內夾有一張紙條，用來占卜吉凶。

譯註4　由位在福岡市博多區的石村萬盛堂所打造，迄今仍是知名的福岡名產。

譯註5　早期日本的紅燈區。

譯註6　西班牙文學中的傳奇人物，是花花公子的代名詞。

譯註7　位於新潟縣的小城。

譯註8　茶褐色，是袈裟最原始的顏色。

譯註9　Nisīdana，是佛教僧人坐、臥時，鋪在地上用的長方形布塊。

譯註10　隸屬於特定寺院，生老病死等各種法會都交由該寺院辦理的家庭。寺院則接受這些家庭在經濟上的資助，是日本佛教特有的制度。

譯註11　豐津藩位於今日福岡縣京都郡，距離小倉藩（北九州市小倉北區）約三十公里。

譯註12　大乘佛教中的重要典籍，為印度的龍樹菩薩所撰，由鳩摩羅什譯為漢文。全書共有一百卷，引用經典甚多，被譽為「佛教百科全書」。

譯註13　日由唐代僧人道世所著，全書共有一百卷。

譯註14 又稱為「三皈依」。三寶是指佛、法、僧。皈依三寶，等於是正式開始修行學佛。

譯註15 領導淨土真宗本願寺派的當家傳人。

譯註16 舊時日本的粉底。

譯註17 用「鹿子絞染」技法，染成深紅色白點的和服。

譯註18 日本主要的書法流派之一。

譯註19 在小燭台上放蠟燭，外面包上紙或布，所製成的一種燈具，可用於臥室照明。

◎作者簡介

森鷗外・もり　おうがい

一八六二—一九二二

軍醫、小說家。一八六二年出生於日本島根縣津和野町，本名森林太郎。森家族世代從醫，在父祖輩的薰陶與使命下，鷗外自幼接受嚴格教育，年僅十五便進入東京大學醫學院就讀，畢業後即受政府之命出任陸軍軍醫，二十二歲被陸軍選派赴德留學。赴德期間，除致力於本業軍醫與衛生學的調查研究外，同時利用課餘時間著手從事德國經典文學譯介與小說創作。歸國後，不僅在官僚組織一路爬升至軍醫總監地位，也藉由將留學期間與一位德國女子的悲戀故事寫成小說處女作〈舞姬〉，於文壇展露頭角，並以此為契機開始頻繁地發表小說、詩作和文藝評論，代表作包括〈阿部家族〉、〈山椒大夫〉和〈高瀨舟〉等。在日本文學史上與夏目漱石齊名，有明治、大正時代文豪雙璧美稱。

街頭聲響

永井荷風｜ながい　かふう

通常走過街頭巷尾的行商叫賣聲很難固定，就像是早晚潮汐的來去一樣。當它開始興起時，人們不會特別留意，接著當它逐漸蔚為風潮，或人們覺得耳熟能詳後，再銷聲匿跡時，也不會昭告天下。

每天走過街頭巷尾的那些攤販，他們的叫賣聲很自然地說明了時間的推移。修補木屐齒的小販會隨身帶著鞭子打鼓。我對這個聲音早已耳熟能詳，記憶也有些模糊，不太記得它的起源究竟是何時。明治四十一年秋天，我從國外返國時，修補木屐齒的小販已用鞭子敲著鼓，在牛込一帶走動。

當時，這種在山手地區行商叫賣的聲音，稱為「俄羅斯蹦蹦」，聽在我耳裡非常新奇。可是，東京的市區範圍畢竟很廣，我在牛込覺得稀奇時，在其他地區或許早已是大家熟悉的聲響。

通常走過街頭巷尾的行商叫賣聲很難固定，就像是早晚潮汐的來去一樣。當它開始興起時，人們不會特別留意，接著當它逐漸蔚為風潮，或人們覺得耳熟能詳後，再銷聲匿跡時，也不會昭告天下。服飾的流行變遷，也和這種街頭巷尾的行商叫賣聲一樣。

明治四十一年前後，當「俄羅斯蹦蹦」聽起來還令人覺得耳目一新時，我記得賣豆腐的小販還不是吹著喇叭叫賣，而是搖黃銅製的搖鈴。據說更換煙管羅宇[1]竹柄的小販，早在豆腐小販捨搖鈴改喇叭的更早之前，就會拖著一台小車行商，車上擺放的鍋爐發出蒸氣，吹得汽笛嗶嗶作響。早期會有人挑一根擔子，兩頭掛著木箱，沿街叫喊：「羅宇喲！羅宇喲！」的煙管維修業者，曾幾何時已不復見，改成了新式的攤車。修補木屐齒的小販，近來大多也改拖和煙管維修業者一樣的攤車了。

時至今日，磨刀小販仍不時挑著擔子，喊著「磨剪刀、磨菜刀、磨剃刀」走過大街小巷；焊補攤子的叫喊聲，曾幾何時已不復聞見。這是因為現代家庭的廚房裡，用的鍋、盆等，全都是粗製濫造的廉價品，只要一有破損，便立刻淘汰舊貨，添購新品。由此可知，昔日只要是長年用慣的物品，不論什麼都備加愛惜，一再修補、使用的淳樸風氣，今日已蕩然無存。

我曾聽說，明治三十年春天，前任左團次[2]在明治座飾演焊補小販松五郎[3]時，因為焊補小販沿街叫喊攬客的聲音實在太難模仿，便請來正牌的焊補小販，躲在布景背板後面代他叫喊。

偏僻的礫川[4]是我當年呱呱墜地之處。對我來說，此地是個不時令人深感懷念的追憶原鄉。修理雪駄[5]的師傅和捕鳥人等小販，織就出原汁原味的舊時光景。而這些小販，我也都是在金剛寺坂[6]附近的舊家門外看到的。當時那位修理雪駄的師傅，頭戴豆沙小包形的斗笠，用下顎拉著繩帶穿綁，所以看不到他的長相，斗笠底下只露出下顎前緣，看起來令人毛骨悚然。他撩起和服下擺，底下穿著藍綠色的股引褲[7]；上半身穿著筒袖棉襖，手背戴著護套；腳上穿的不是草鞋，而是草屐或雪駄；裝道具用的簍子則是用寬版的真田紐[8]掛在肩頭，一路垂到腰際；口中發出沙啞的、像是硬擠出來的「得～噫、得～噫」一聲。在陰天接近傍晚時分聽到這些聲音，有時會讓人莫名地感到毛骨悚然。

當年，民眾也很忌諱看到捕鳥人的身影。捕鳥人頭戴斗笠，戴著手背護具和綁腿，穿著草鞋，腰間掛著裝獵物用的籠子，手拿連接好幾段的長黐竿[9]，不管巷弄或住家後巷，他們都能鑽進去，隱身在遮蔽物後方，吹著一種會發出如麻雀叫聲般的笛子，抓走一隻隻的麻雀。

明治維新以前，捕鳥人抓了麻雀之後，會送去給鷹匠[10]，讓幕府所飼養的鷹暖腳，而捕鳥人就以此維生。曾幾何時，社會上開始謠傳，說捕鳥人其實是負責打探街談巷議的「密探」，所以江戶時代的市井小民只要看到捕鳥人，就會很不安。我常看見捕鳥人在小石川街頭穿梭的那段時間，明治時代已啟動十四、五年，人們卻還在流傳昔日的謠言，對捕鳥人既害怕又嫌惡。當今世上，別說是捕鳥人，有些狐群狗黨，做的事比殺狗屠夫或貓剝皮師更殘忍。民眾看到這些狐群狗黨時，竟沒人說他們是不祥之兆。昔日我們在行燈[11]下聽著古老的傳說，會感受到和當時人們同樣莫名的不安與恐懼。如今回想起來，有一部分原因，應該是由於當時的時代氛圍裡，蕩漾著一股哀愁吧。而這股哀愁，如今在改朝換代過後，已全都和那些因迷信而生的恐懼，一起灰飛湮滅。你我在少年時期，不僅對風聲、鐘響、狗叫、盲笛等聲響感到無限哀愁，就連夜的黑暗和寂靜，都會霎時成為無可言喻的恐怖泉源。相形之下，侵襲當代昭和少年夢境的，究竟是什麼呢？受到民粹主義的負面影響，少年們的心中，連絲毫害怕、畏懼的念頭都沒有，夢寐之間仍念念不忘的，唯有競相賣名一事而已。不是聽說現代小學生認為把零用錢當選舉經費，為班長選舉拚命奔走，是一樁美事嗎？

如今，市井小販當中，縱有如「雁去時燕歸來」一般，隨時節遞嬗而來去者，往往會觸動人的詩興。「如晚櫻未謝盡時，已可聞見的種苗叫賣聲」、「如人們尚未褪去袷[12]衣時，已提早捎來秋意的賣蟲商人[13]」，其他還有像賣風鈴的、賣蔥的、賣稗苗[14]的和賣牽牛花的，都是俳諧[15]當中描寫過的景物。正月時賣初夢寶船圖[16]的叫賣聲早已不復聞見，中元時節倒是還聽得到「迎奉供品[17]、迎奉供品」的叫喊聲。近幾年，不論春季或秋季，在麻布地區周邊的街頭，有些小販看準連日大雨放晴的時機，喊著「竹竿啊竹竿」，沿街叫賣曬衣竿。連日大雨後放晴，藍天上還有幾許白雲飄動的早晨，家家戶戶一大早就傳來清洗衣物的水聲，和女眷們開懷的笑聲。這時，賣竹竿的小販發出粗俗而沙啞的聲音驚擾了四周，小狗猛吠，麻雀從曬在陽光下的雨傘陰影處「唰！」地飛起……這種種景物，讓人想起江戶舊時，每逢雨停放晴的日子，就會有賣竹製落水管的小販出現的情景。

至於沿街叫賣藥品的，則有多年來常見的千金丹[18]小販，還有挑著定齋[19]箱子的賣藥郎。賣千金丹的小販總會提著皮包、撐著蝙蝠傘[20]走路，想必是明治初年的遺風。從日俄戰爭後，到大正四、五年[21]之間，市區裡到處都是身穿軍人裝扮，沿街拉著手風琴賣藥的小販。在由淺井忠[22]繪製版畫底稿的《當世風俗五十番歌合[23]》當中，還特別加註說明「治感冒、暈眩的萬靈丹，一二、一二[24]」的叫賣聲。本書於明治四十年出版，當中有鍋燒烏龍麵攤的圖，卻沒有畫到支那蕎麥麵攤[25]。由此可以看出，支那蕎麥麵攤吹小喇叭沿街叫賣，應是明治四十年以後的事。

支那蕎麥麵攤在夜裡吹響的喇叭聲，是一種扣人心弦的哀怨曲調。昔日傍晚會在市郊出沒的糖果小販，沿街吹響的嗩吶聲也同樣哀怨，但曾幾何時，這種聲音已不復聞見，而盲笛的聲音，近年來除了花街柳巷之外，也完全銷聲匿跡。因此，在昭和時代的東京市區裡，取代這些聲音，連綿不絕地演奏哀怨夜曲的，就只剩賣南京蕎麥麵的簫聲了。

至於包括新內節[26]走唱人等其他街頭藝人的事，我在此就不多說了。看著這些一天天被遺忘的市景風物，彷彿欣賞走馬燈似的，耐人尋味。想必這是生在都市之人共通的特質吧。因此，在舊時的隨筆中，記錄行商風俗者雖然罕見，但還是有像曳尾庵[27]的《我衣》，或小川顯道[28]的《塵塚談》等作品，在小眾愛好者的必讀書目裡，迄今仍榜上有名。這個部分恐怕也是我無從贅述的吧。

昭和二年十一月記

譯註1 日本煙管上的柄。以往日本有許多煙管維修業者，會在攤車上放一個小鍋爐，為癮君子提供清潔煙管、更換煙柄的服務。

譯註2 市川左團次是歌舞伎演員的名號之一，文中的「前任左團次」，指的是本名中村榮三的初代市川左團次，明治座是初代左團次在明治二十六年（西元一八九三年）興建、經營的演出場地。

譯註3 歌舞伎戲碼《船打込橋間白浪》的主角，日文簡稱為「鑄掛松」。

譯註4 相當於今日東京都文京區的小石川地區。古代常有人把「小石川」寫成「礫川」，目前雖已無此地名，但在當地仍有礫川公園和礫川小學。

譯註5 一般所謂的木屐，是在原木板下方加兩根木條製成。相傳茶聖千利休發現在雪地穿木屐，雪會卡在鞋底，才發明出平底又防水的雪駄。

譯註6 位於今日東京都文京區春日二丁目四番地附近。

譯註7 一種下腹部寬鬆、腿部服貼的長褲，腰部以兩條繩子固定，功能類似今日的內搭褲。

譯註8 一種用織布機織出來的布繩，堅固耐用。相傳是真田昌幸和真田幸村父子在隱居九度山時，便以製作真田紐賺取生活費。

譯註9 竿子最前端有「鳥黐」這種樹膠，是用來黏住、捕捉鳥兒的工具。

譯註10 江戶時代，在幕府或諸侯家的一個職位，負責訓養、照顧老鷹。目前在日本已發展成「訓鷹師」。

譯註11 江戶時代流行的一種燈具。以木板、竹片為框，外覆和紙製成，光源主要是燃燒菜籽油的火光，光線相當微弱。

譯註12 江戶時代會在九月一日至九月八日之間穿著這種名為「袷」的和服。

譯註13 賣蟲商人（虫売り）兜售的是鈴蟲、蟋蟀和螽斯等會鳴叫的蟲，一般會在夏秋之際出現。在日本的古典詩歌中，

賣蟲商人是秋天的象徵。

譯註14　將發芽的稗、粟種在淺花盆裡的一種盆栽。由於看起來像田園景色，令人身心感到涼爽舒暢，因此兜售稗苗的小販，便成了江戶時代夏季特有的風物之一。

譯註15　江戶時代重要的文學形式之一，知名作家包括松尾芭蕉、小林一茶等。

譯註16　日本習俗認為，正月新年作的第一個夢，攸關當年運勢吉凶。約自室町時代（一三三六—一五七三）起，開始流傳「在枕頭下放寶船圖（七福神搭寶船而來），就能做個美好初夢」的習俗。

譯註17　日本人在盂蘭盆節（相當於中元節）時，會在供桌上放茄子、黃瓜，象徵是牛和馬，以迎接祖先靈魂返回陽世享受供品。盂蘭盆節過後，就會有業者沿街叫喊「迎奉供品、迎奉供品」，替民眾把這些裝飾收集起來之後，統一用船載到河上放流，象徵送祖先回到彼世。

譯註18　相傳最早是大阪安土町信山家家傳的藥品，一八七〇年時，岡內喜三也開始賣起這種家庭常備藥，通稱為「讚岐的岡內千金丹」。相傳可健胃整腸、退燒，治腹瀉、頭痛、暈眩、胸痛、暈車、宿醉等。

譯註19　一帖治療夏季各種暑熱症狀的漢方藥。最早由村田定齋學習明朝流傳而來的藥方製成。江戶時代時，夏季常有小販用扁擔挑著兩個寫著「定齋」的藥箱，沿街兜售藥品。

譯註20　西式「洋傘」在日本的別名。

譯註21　日俄戰爭為一九〇四—一九〇五年，大正四年為一九一五年。

譯註22　淺井忠（一八五六—一九〇七），曾於日本史上第一個美術教育機構學習西畫，是開日本西畫先河、孕育日本早期西畫人才的名畫家。

譯註23　一九〇七年出版，分上下兩卷，由淺井忠繪圖，池邊藤園創作和歌。每一個主題皆會出現兩位不同職業或身分的人物，兩人各詠一首和歌較量高下。由於內容描述了許多當時各個社會階層的樣貌，所以是了解當時風俗的重要參考資料。

譯註24　當時「生盛藥館」的賣藥小販，會身穿類似軍服的服裝，邊答數（一二一、一二一）邊拉手風琴唱宣傳歌。

譯註25 拉麵的舊稱。

譯註26 江戶時代，由鶴賀新內所開創的一種淨琉璃（日本傳統說唱藝術）形式，多在花街柳巷的商家裡表演，以哀怨的曲調搭配女性一生顛沛流離的故事情節，備受煙花女子喜愛。

譯註27 加藤曳尾庵（一七六三－？）是江戶後期的文人，也是一位醫生。他的日記式隨筆作品《我衣》共有十九卷，描寫了許多江戶社會的世道風俗。

譯註28 小川顯道（一七三七－一八一六）是江戶中晚期的醫師，隨筆作品《塵塚談》描述了許多當時社會的見聞。

◎作者簡介

永井荷風・ながい　かふう

一八七九—一九五九

小說家，本名壯吉，號金阜山人、斷腸亭主人。生於東京小石川，父親為藩士出身，任政府官僚，因此他擁有深厚漢學修養，又受母親影響，熟習歌舞伎及日本傳統音樂。荷風二十多歲赴歐美，吸收許多歐美新知，歸國後任慶應大學教授，任職期間編輯雜誌《三田文學》。其後辭任，發表許多小說及隨筆，晚年獲政府頒發文化動章。他喜愛散步東京，鍾情江戶時代文化，留下許多描繪城市景致的散步隨筆。代表作有《濹東綺譚》、《美利堅物語》、《法蘭西物語》、《日和下馱》等。另有作品《斷腸亭日乘》，是他四十多年來的日記。

庶民生活

豐島與志雄｜とよしま　よしお

他們每天都會出現在這家我暱稱為「越嶺茶屋」的拉麵店。大家都還在吃著拉麵的大白天，他們就已喝起酒來。內山有時會帶著上澡堂要用的毛巾與肥皂盒，朋子則是會提著買菜籃……。

有一條寬敞的斜坡路，汽車、貨車等各種車輛都會通行。它的坡度很陡，為了防止車輛打滑，特別使用了凹凸不平的鋪面。單車高手尚且還可從斜坡上一口氣滑下，至於上坡就是人人都牽著單車步行了。

走到斜坡最上方，或可反過來說是下坡起點處，有一家小巧的拉麵店。這附近是戰時災區，戰火中倖存的房舍，新建的住屋，還有戰火肆虐過的廢墟，雜然紛呈。拉麵店位在一處狹窄空地上，是一棟新建的房舍，能供應的品項也很少，除了餛飩、拉麵、叉燒麵之外，頂多就是偶爾再加個燒賣，僅此而已。不過，餐點的口味都很不錯。店家在材料採買上很用心，烹煮製作也很仔細，是一家口味至上而非只求牟利的商號。因此，店裡總會有一些堪稱常客的顧客在，甚至還有不遠千里，專程前來用餐的客人。

不必脫鞋的用餐區裡，只擺了三張小桌。內場廚房則在用餐區正面，兩者隔著櫃台相望。人稱「阿姨」的老闆娘，一個人忙著張羅。她的身軀肥胖，步履顯得有些蹣跚，明明是個心直口快、直言敢說的人，表情卻總是一臉笑瞇瞇的福相。阿姨的助手，是她那工作勤懇的女兒，就連外送也都是由她負責。

我私下稱這家店為「越嶺茶屋[1]」。除了因為斜坡路的地勢，讓它看來的確頗有這樣的韻味之外，還有一個原因，就是它供應最上等的日本酒。

來到這裡的顧客，絕大多數都是為了吃東西。不過，要是交情夠深的老客人開口拜託，店家可以代訂上等日本酒或啤酒。但相對的，這裡除了麵之外，沒有其他下酒菜，只能請店家幫忙到附近小店買點蠶豆或金平糖之類的東西。這一點也和越嶺茶屋很像。

不管是往返澡堂，或是散步順道經過，我經常造訪這家越嶺茶屋，享受微醺之樂。

有一次，這家店前面橫跨步道和車道的地方要修路，便堆放了一些細碎的小砂石。而這堆砂石上方，竟有一名男子緩緩地坐下，兩腿往前伸了出去，模樣簡直就像是個耍賴胡鬧的孩子，還單手抓起了一把砂石胡亂丟撒。最令人詫異的是，這名男子已是頭髮花白的老人，喝得醉醺醺的，而這時才下午四點左右，還是大白天。

他雖然喝得很醉，東西似乎還是看得很清楚，不至於到處亂丟砂石。當時是冬天，越嶺茶屋緊閉著玻璃門。他知道砂石要避開玻璃，朝著窗框下緣附近丟。說時遲那時快，有位貌似鄰居太太的人正要走進店裡，而這名男子竟朝她的腳邊丟了一把砂石。鄰居太太瞄了一眼之後，若無其事地走進了店裡。店裡的阿姨，也擺出一副若無其事的表情。從這些跡象看來，她們應該和這名男子熟識，只是因為他醉醺醺的，所以不和他一般見識。

其實不僅是她們，我和這名男子也很熟，因為我們經常在越嶺茶屋不期而遇。他是住在這附近的一位畫家，名叫內山昌二。雖說是畫家，其實他什麼都畫，畫一點西畫，也碰一點雜誌的插圖，甚至還創作一些類似漫畫的作品。

內山貪杯一事，幾乎已是人盡皆知。有時候，他甚至還會一大早就喝得爛醉。不過，坐在路邊亂丟砂石，的確是太過分了一點。他身穿居家的舊衣，搭配廉價的木屐，花白的頭髮蓬亂至極。從他臉上的表情，教人看不出他究竟是在生氣，還是在鬧著玩。

不久，麵店的玻璃門猛然敞開，一個年事已高、瘦骨嶙峋的女人走了出來——她叫山田朋子。內山喝酒時，她總是陪在身邊，那天他們也一起喝，可能是因為忙著結帳，所以晚了一步出來。看見內山這副模樣，她狀似想牽起內山的手，說：

「唉唷，真是個讓人看傻眼的大師。大師，我們走吧！」

叫這種三流畫家「大師」，也真是讓人看傻眼了。不過，內山大師被她這麼一說，倒是很聽話地立刻站起身，和她相偕並肩離去。

目送他們離去的背影，我露出了微笑，心想：「原來日本現在也有這樣的怪人啊！」於是我也有了幾分酒興，走進了越嶺茶屋。

店內一角有個身穿粗糙西服、有著一雙圓眼的年輕女客，靜靜地將麵吸進嘴裡。剛才的鄰居太太和這裡的阿姨，完全不顧還有這位女客在，你一言我一語地爭論著。

「我覺得這件事太愚蠢了，要是換成是我，早就不玩了。」

鄰居太太像是不吐不快似的說。阿姨則是提出了反駁：

「不不不，我們旁人再怎麼看，都覺得他們應該是真的很相愛啊！」

「不過他們未免也太愛現了吧……真希望他們可以收斂一點。」

「人家又不是在背地裡偷雞摸狗，大大方方的，不是很好嗎？」

「如果是年輕人，那倒還說得過去。都一把年紀了，這樣好嗎？」

「就因為這樣，所以更是美事一樁啊。」

對話就從這樣的內容，漸漸深入到了細節，所以連我都聽得懂——她們談的，是內山昌二和山田朋子的事。

這兩個人的蜚短流長，在這附近已經傳到無人不知、無人不曉的地步。內山是個特立獨行的單身畫家，朋子則是海軍士官的遺孀，個性和生活都認真得近乎一絲不苟。這兩個人因為愛情而結合，而且雙方都已經老大不小，自然就成了眾人關注的話題。再加上他們毫不顧忌世人褒貶，極度坦然大方的行徑，更是備受矚目。

他們每天都會出現在這家我暱稱為「越嶺茶屋」的拉麵店。大家都還在吃著拉麵的大白天，他們就已喝起酒來。內山有時會帶著上澡堂要用的毛巾與肥皂盒，朋子則是會提著買菜籃；偶爾他們還會分頭過來，看來像是約好在麵店見面。天氣尚未轉涼之前，麵店門面的玻璃門總是敞開著，往來的行人怎麼可能看不到他們兩人的身影？

話雖如此，當初我的確也覺得他們要在一起實在太勉強，頂多只是單純交往罷了。後來他們的行徑愈來愈誇張，例如兩人先在別處喝得醉醺醺，再隨興地走進越嶺茶屋，續攤喝到夜深才離開；也曾發生過內山喝得酩酊大醉，蹲在戰火摧殘過的廢墟裡看星星，嘴裡還一邊哼著莫名其妙的歌，而朋子同樣悉心地陪伴在他身旁。來到越嶺茶屋，大多數時候是內山在袖擺裡塞幾張百圓鈔，喝過頭付不起帳單時，朋子就會跑回家去拿錢。有人說朋子早已住進內山家，姑且不論這個說法的真偽，內山身邊大小事的打點，的確不是交給女傭，而是由朋子負責發號施令。

對此，社會上投以相當嚴厲的批判態度。內山畢竟是個男人，不會直接聽到這些閒言閒語，然而朋子卻成了受批評的主要對象。

有人說他們在戰火肆虐過的草原等地幽會，這是最不懂內情的人在無的放矢。

也有人說內山本來就擅長操縱女人心，不必花半毛錢，朋子根本就是被他玩弄在股掌之間。這個說法我也有耳聞，它顯然就是一個惡意的中傷。因為我知道內山以往曾多次東挖西湊地籌錢，只為了找藝妓陪酒宴飲。

還有人說朋子只是單純被利用，只要稍有不慎，到頭來就會摔得鼻青臉腫，況且內山哪會有什麼真感情？這是前面那一套說法的延續，不僅帶有惡意，還夾雜著一種嫉妒之情。

又有人說朋子個性耿直，對這段感情好像投入得很深，要是不小心謹慎、步步為營的話，恐怕日後會發生無法挽回的憾事，甚至不知道會背上什麼污名。這種說法是為朋子著想的親切意見，蘊含著希望她能正常再婚的期盼，而對象不見得一定非得要是內山不可。

甚至有人說朋子是被錢所迷，每個月都能拿到一些生活費，生活應該比之前過得輕鬆吧。越嶺茶屋的阿姨對這種典型的冷漠說法，最是大力反對。此外，看到內山有時連酒錢都湊不出來的光景，就可知道這一套說法悖離事實。其實阿姨常說可以先借酒錢給他，但內山幾乎不曾借用過，據說也是因為靠朋子的接濟。

也有人說這兩個人究竟是在玩火，還是動了真感情，我們旁人根本就是霧裡看花。這種說法，就一般社會上的認知而言，是比較忠肯的意見。

其他還有很多不同的說法，但它們都是東拼西湊的大雜燴，而不是單一、明確的看法。

因此，阿姨和那位鄰居太太的談話，也是東拉西扯，沒經過整理。最後鄰居太太帶著一副無法釋懷的表情，說：

「酒這種東西，真的會讓人那麼想喝嗎？」

阿姨呵呵地笑了。

「當事人自己好像是一直都想戒酒。『我之後有好一陣子都不會來光顧囉！』之類的話，早就已經不知道說了多少次。但是到了隔天，他就又若無其事地上門來啦！連他自己都嘲笑自己，說『除非沒有明天，否則我的酒是戒不掉啦！』所以啊，那個山田小姐應該也不是個等閒之輩吧。」

「就算是這樣，也不必整天跟在他身邊到處跑吧？太寵他了啦！」

「與其說是寵，不如說是擔心吧。一個是有對方在就覺得心裡安穩，一個則是不跟在身邊就提心吊膽。唉唷，就是感情太好了啦！」

「感情好是沒問題，但我就是覺得搞不懂……」

吵到最後，結論就是「搞不懂」。

內山和朋子以往雖不見得每天都會到越嶺茶屋報到，但後來上門光顧的間隔，確實是有稍微拉長的趨勢。相對的，內山喝酒的量變多，而且喝完五壺之後，就停不下來了。他硬是坐著不肯走，到頭來又解決一壺酒。接著就說「六」這個數字不上不下，喝個七壺好了；可是「八」比「七」更吉利，那就喝八壺吧；然後又說「八」也不妥，乾脆湊個整數喝十壺好了；最後又要「再喝一壺」做結尾……總之就是巧言詭辯，喝個沒完沒了。想買醉其實喝完五壺就已綽綽有餘，剩下那些就是所謂的惰性了。

朋子倒是喝得謹慎，不貪杯，陪著內山小酌。她不時溫和地提醒內山「別再喝了」，卻似乎也很享受著陪伴內山的時光，事事都照顧得很周到——菸一抽完，她就立刻去買，菸灰缸滿了，她就立刻請人清理，內山覺得想吃點什麼的時候，她就說：「那叫壽司來吃吧」。

內山一喝醉，常會胡言亂語、沒完沒了。一下找阿姨或阿姨的女兒絮絮叨叨，還會找素未謀面的客人搭訕。這些畢竟都是來吃拉麵的客人，一段時間就會輪轉換人，不會在店裡久坐。而喝醉的內山，卻是對誰都敢搭訕。有時候，內山喝到一半，會突然不發一語，露出不知是心情不好還是生氣的表情，接著就只撂下一句「回家吧！」就突然起身走人。

有一天晚上，就在內山又開始胡言亂語地說個不停時，有一位和他有過幾面之緣的中村先生，走進了店裡。上次內山亂撒砂石那天，身穿粗糙西服，坐在店裡的那個女人，就是中村的太太。中村帶著滿身酒味進來，卻還請店家代買燒酎來喝，拿拉麵當下酒菜。

「內山兄，您心情很不錯嘛！」

內山也親切地回話：

「我喝了酒之後，好像就會變得很多話。不過呢，到底多講了哪些話，我完全記不得，所以酒醒之後總會發生很多麻煩事。」

「這一點我和您有志一同……喝了酒之後的事，就是要全都忘得一乾二淨啊！那些囉囉唆唆、老是記得喝酒之後聽到或看到什麼的人，還真教人受不了。」

「不過，那種人還真的是爛醉啊。」

「有時候的確是喝得愈醉，愈能清清楚楚地記得當時發生的事呀！我老婆就是這種人。夫人呢？」

朋子笑而不答。

「坦白說，只要有夫人在這裡稍微陪著內山兄小酌，內山兄根本就不會喝醉啊……」

中村皺起了眉頭，一副若有所思的模樣。過了一會兒之後，他突然叫了內山。

「內山兄，你們給我惹了天大的麻煩呀！」

「哦？這我倒是沒聽說過。」

「那當然呀！因為這件事我還沒對任何人提過。」

「既然如此，你要不要找我這個當事人，來當你的第一個聽眾呀？」

「說的也是，那就這麼辦吧。」

中村看著內山和朋子，遲遲無法把話說出口。

「其實……就是那個……」

「其實，你們兩位感情太好，我老婆在吃醋……不，這不算是吃醋，應該說她老是拿你們當例子來罵我。」

「哎呀！我是冤枉的呀！」

「她說：『你看看內山先生和山田小姐，他們根本沒有正式結婚，感情還能那麼好，兩個人總是相依相偎地走在一起。那你呢？剛結婚的時候，還對我有那麼一丁點體貼，之後就連看都懶得看我一眼，有帶我去外面吃過一頓飯、看過一場電影嗎？我簡直就像是個女傭一樣，而你自己卻到處鬼混放蕩！』氣得不得了。老實說，我的確是有一點對不起她的地方，但不是什麼大不了的事。但她現在只要有一點不滿意，就會說：『你看看內山先生』、『你看看人家內山先生』，我可是災情慘重啊！」

人在內場廚房的阿姨對他說：

「中村先生，這可就是你的不對了，你要對你太太好一點。她前幾天也來過我這裡，還忍不住哭了喔！」

「都是因為那個婆娘很囂張地說什麼男女平權啦！我敢斷言，女人比男人差了好幾等，除了會吃、睡和長舌之外，還有什麼能耐？」

之後，中村愈來愈口無遮攔，就像是在對著燒酎胡言亂語似的。

「那個婆娘老是想著要一套和服。我也過得不順遂，生意慘澹、稅金沉重，哪是吵著要和服的時候啊？生意人穿破西服不體面，我也不是不知道。可是，她到底為什麼那麼想要日本和服，我實在是覺得很不可思議。她以前在一家莫名其妙的酒館當服務生，是我救她從良，她卻把我的恩情忘得一乾二淨，還反咬我一口，說當服務生至少有薪水，她卻連想做一套和服都不行，簡直就是要把她一生都關在冷宮裡，還動不動就說：『你看看內山先生』。不管我再怎麼解釋，說：『人家身分和我們不同』，她就是聽不進去。所以我呢，就會回她說：『那妳看看人家山田小姐啊！好歹也學學人家是怎麼體貼、嫻淑地伺候內山先生的啊！』話才剛說完，她就氣急敗壞，哭天搶地的說：『反正我就是個不懂體貼、只會耍心機的壞女人』，最後就是兩人大吵一架。看樣子在我家，內山兄加山田小姐就是個禁忌。偏偏他們老是被提起，我覺得莫名其妙。偏偏最糟糕的是，那個婆娘喝了一點燒酎就會醉。所以夫人啊，我勸您還是別喝太多比較好。」

中村原本低頭看著燒酎杯，現在抬起頭來，一臉稀奇似的看著朋子。

朋子從頭到尾都沒出聲，內山也從剛才就一直不發一語。眼前的酒壺一空，內山就突然起身。

「回家吧！」

不等朋子結完帳，內山就先走出了店外。

阿姨低聲對朋子說：

「那個人醉了，妳別在意。」

「不會不會，您太客氣了，大家彼此彼此。」

朋子直接回話，連聲音都沒壓低。她跟著內山的腳步，泰然自若地離去。

阿姨轉向中村，說：

「中村先生，您說的太過分了一點啦。就算您喝得再怎麼醉，還是要小心點才好。」

中村若無其事地說：

「過分？哪裡過分了？」

「您不是說了一大堆內山先生和山田小姐的事嗎？」

「我什麼也沒說。我只不過是在閒聊自己的事罷了。就算是這樣，我還是太多嘴了一點嗎？那請阿姨幫我道個歉，我也會好好說我老婆一頓。唉，又要吵架了啊……」

中村啜飲著燒酎，深深地嘆了一口氣。

有一組三位的客人走進了店裡。這件事彷彿成了一個開關，中村就此不再開口說話。

內山和朋子還是一如往常地光顧越嶺茶屋。對於中村那件事，他們似乎完全沒放在心上。

然而，出人意表的事，卻在其他地方發生了。

中村的老婆吃老鼠藥自殺了。有人謠傳說她本來只是想嚇嚇中村，結果卻弄假成真；也有人傳說她打從一開始就是真心求死。中村和內山等人在越嶺茶屋偶遇的十天後，當天晚上，聽說中村夫婦都喝得爛醉，找上了對方吵架。後來中村的老婆從樓梯上摔了下來，但看起來沒受傷，還自己走回到二樓去。夜裡，她獨自來到廚房，把老鼠藥倒進了吃剩的冷味噌湯，一口氣喝下肚。

根據越嶺茶屋那位阿姨的說法，她在死前曾來過店裡兩次，死纏爛打地問了許多關於內山和朋子的事。因為她的行徑實在太詭異，再加上中村前幾天晚上才在這裡鬧過事，阿姨對她的問題，便只敷衍虛應了一番。不過，中村的老婆還是時而感佩、時而不甚認同似的撇著頭。最後，她還問了這個問題：

「我想在這裡和他們碰個面，您覺得怎麼樣？」

「妳先前不是在這裡見過他們了嗎？他們很常來光顧，在這裡隨時都能見得到他們呀！不過妳究竟打算要見他們做什麼？」

「沒什麼，有點事想問問……」

她那圓亮大眼癡望著半空的模樣，才真的是讓阿姨想問問怎麼回事。

其實事情就只是這樣而已，但在話題乏善可陳的市井小民之間，這件事被加油添醋地傳了開來。

有一晚，我突然想小酌一杯，去了越嶺茶屋一趟。一到店裡，就看到一位戴著老花眼鏡的老太太，嘀嘀咕咕地對阿姨說個不停。阿姨正打算歇腳休息，便在老太太對面的位子坐了下來，嘴裡還含著糖果。

「聽說中村先生和他過世的太太，都很恨那對上了年紀的鴛鴦。這中間一定有什麼蹊蹺。」

阿姨搖搖頭。

「沒有恨啦！好像只是有點羨慕他們而已……」

「就算是這樣，反正刻意做那些惹人羨慕的事，就是不好啦！誰叫他們那麼高調炫耀，我們當然會羨慕啊！只要他們不炫耀，就不會有人羨慕了嘛！他們未免也太不檢點了吧。」

「人家又沒有高調炫耀的意思，他們只不過是很貪杯而已。」

「就算再怎麼喜歡，大白天就喝得醉醺醺的，這像話嗎？兩個人都得意洋洋地打得火熱，大庭廣眾之下欸！妳放任他們喝那麼多，也很要不得。」

我一點一點地啜飲著阿姨女兒幫我溫的酒。老太太斜著眼，狠狠地瞪了我一眼。

阿姨一如往常地笑臉迎人，溫柔敦厚的表情絲毫沒變。

「我這個人的個性啊，就是人家拜託我做什麼，我都無法說不。但我還是和那位太太事先串通，設法不讓先生喝太多。」

「嗯，妳的部分我明白了。可是，人家到底為什麼可以那麼恣意妄為呢？他們和中村先生之間，真的沒有什麼過節嗎？」

老太太壓低聲音，頻頻打探。我對這種事沒興趣，所以決定不再多聽。

悠哉地喝完一壺酒，正當我又再追加一壺之際，內山和朋子出現了。內山看來似乎略帶酒意，心情愉快，親切地對我投以問候的目光。我們彼此雖不曾交談，但偶遇過好幾次，也都是愛喝酒更勝愛拉麵的人，所以雙方打了照面之後，很自然地就會頷首問候對方。

朋子拿出三包菸給阿姨看。

「我打小鋼珠換來的，厲害吧？」

內山也找了找自己的袖擺，拿出了十幾個小鋼珠店的珠子，擺在桌子上。

「我有這個。小貓包準會開心。」

朋子回頭說：

「哎呀！這樣做好嗎？」

「有什麼不好？反正店裡珠子那麼多，他們不會在意的。」

老太太瞪眼看了他們兩人像孩子似的行徑之後，便起身結帳，付清拉麵餐費，並走出了店外。

內山把小鋼珠的珠子放在掌心把玩，一邊大聲地說：

「我討厭那個人。要是她再待得久一點，酒都會變難喝。」

兩人當然都是喝酒，這一點沒什麼好多說的。我從來沒看過他們吃拉麵。

阿姨笑瞇瞇地溫著酒，說：

「剛才啊，人家給我忠告，說不能讓你喝太多。」

「是那個老太婆說的吧？既然如此，那我更要多喝幾杯。剛好，反正喝完這次我就要收山了。」

阿姨露出「又來了！」的眼神，噗哧一聲笑了出來。

內山在喝酒的過程中，先是用異樣認真的眼神仰望著天花板，然後又直盯著阿姨看。

「阿姨妳還是一樣豐腴啊！那是因為妳心寬體胖的緣故。沒關係，這樣妳就不會神經衰弱了。」

「是呀！你放心，我不會神經衰弱的！」

「近來幾乎大家都精神失調，導致意志薄弱。會喝太多酒是因為意志薄弱；會吞老鼠藥也是因為意志薄弱害的吧。」

阿姨臉頰上的肌肉變得有點僵硬。

「內山先生，既然人都死了，別太在意比較好吧。」

「當然，我沒在意。畢竟那件事和我一點關係都沒有。我只是想說，這世界上有太多人都把人命看得太草率。看看報紙就知道，這世上殺人犯實在太多，自殺的人也太多了。要生要死，當然是個人的自由。我覺得那些想死的人，最好就去死；想活的人，就好好活著。不過，有一件事永遠無法自由——明明要選擇生或死，都是個人的自由，芝麻蒜皮的小事卻不能自由選擇。要是喝不喝酒都能自由選擇，那我就能放寬心，到時候就會變得像阿姨一樣豐腴了。」

「可是啊，內山先生，酒要喝或不喝，不都是你的自由嗎？」

「這樣說有一點瑕疵，那件事可不自由。朋子小姐，妳說說看，喝不喝酒並不是自由選擇的，對吧？」

「是啊，『喝』是自由選擇的，『不喝』就不是自由選擇的了。所以我才會說是『意志薄弱』……」

「還有高血壓……不過我是絕對不會因為生病過世的啦！」

朋子用溫柔的眼神，守護著內山。

「要不要吃點什麼？我還叫一份壽司吧？」

內山點點頭。阿姨的女兒出門去外送，朋子只好自己出去買。

內山繼續低著頭，說：

「阿姨，真不好意思，我老是做一些任性的要求。我對朋子也很抱歉。不過，我是個幸福的男人，朋子真的是盡心盡力地為我付出。」

內山突然流下淚水。可能是出於一種感傷吧！而這種感傷，或許是因為高血壓的緣故。

我覺得自己看了不該看的一幕，剛好酒也沒了，於是我就此提早結束小酌時光，打道回府。

我後來聽說，那天晚上，內山喝了非常多酒。過程中有時開懷愉悅，有時又陷入感傷。最後他喝得爛醉，整個人搖搖晃晃，站不穩腳步。離去前他在門口附近的椅子小坐，一個不穩倒在地上，膝蓋撞破了玻璃門上的一片玻璃。內山本人沒有受傷，旁人扶他起來，在牆邊的一張椅子上坐下。他靠著桌子，望著那一格破洞，喜孜孜地說：

「哈哈哈，破了一個洞呀！太好了，破了一個洞。」

之後，他不再看著破玻璃，把兩隻手臂靠在桌上，低頭趴在自己的臂膀裡。

夜色已深，此刻店裡已沒有其他客人，到了該打烊的時候。而朋子卻把內山先託給阿姨照顧，自己跑到稍遠處的玻璃店去。玻璃店的人立刻趕到店裡，在門上裝了一片新玻璃。收拾完善後，朋子才把睡著的內山叫醒回家，還不時替他留意腳步。

從此之後，內山和朋子光顧越嶺茶屋的次數大減，就算上門，也只是小酌幾杯就走。因此，我現在也幾乎不曾在店裡碰到他們。我內心默默地祈求他們安然健在。

譯註1　舊時日本把街邊販賣飲料酒水、茶點餐食，供行人歇腳的商店，稱為「茶屋」。尤其古代在山嶺或坡道上常有這種越嶺茶屋，供旅人休息。

◎作者簡介

豐島與志雄・とよしま　よしお

一八九〇—一九五五

小說家、翻譯家。出生於福岡縣，東京大學法文系畢業，在學期間同芥川龍之介、菊池寬等人發起《新思潮》第三次副刊，並於刊物中發表小說〈湖水和彼等〉步入新進作家之列，與太宰治交情匪淺。畢業後於法政大學、明治大學等擔任教職，著作頗豐，出版有長篇小說《白色的早晨》、短篇小說《山吹之花》等。在翻譯方面的成就勝於文學創作，一九一七年所譯法國小說家雨果的《悲慘世界》成為暢銷譯本，其後雖經多次改訂，該版本至今仍廣為流傳。

舊聞日本橋——蕎麥麵館利久

長谷川時雨｜はせがわ　しぐれ

每當隔壁那家蕎麥麵店「叩咚！ 叩咚！」的篩粉聲響起，我就會放聲大哭。我家的住家後面，隔著一條狹窄的巷子，對面就是一家蕎麥麵店的倉庫，離店面很遠。中午過後，這裡就會開始響起陰沉的「叩咚！ 叩咚！」聲。

轉角那間五金雜貨店，在佐野吾八接手的很久很久之前——我們彈潤的靈魂，都還在太空中飄盪的時代——那裡曾經出現過一位八人藝[1]的名人，名叫〇〇齋。祖母曾告訴我，當這位〇〇齋敲著掌櫃的櫃台，說「掌櫃大人，太燙了啦！」要求在洗澡水裡加冷水，還唱起小調時，祖母總覺得自己好像住在澡堂隔壁似的，還曾因為他家傳來嬰兒呱呱墜地的哭聲而大感吃驚。

我這個祖母，直到八十八歲那年春天過世的三天前，都還天天重新梳整頭髮、天天沐浴泡澡。聽我這樣說，各位或許會覺得她是個很愛漂亮的人，不過她身上確實沒有半點老人的淒慘可憐或髒亂，家裡更是井井有條。祖母雖然身型削瘦，但肌膚白晰，是一位高挑的女性。她總是用黑色緞面的細腰帶，在腰際前方打結紮妥。她還會用小酒杯喝個兩杯，再吃兩串中份的烤鰻魚。鰻魚不是田所町的和田平[2]賣的，就是從小傳馬町三丁目的大和田買來的。

祖母的化妝間在倉庫的二樓。一樓是個美輪美奐的和室，二樓靠院子的窗邊，有個一塊榻榻米大小的採光格子窗。祖母長年愛用的物品、衣櫃，還有其他一些有小抽屜的櫥櫃，一路堆到了天花板。二樓中央處的榻榻米上，鋪著一塊緋紅色的毛毯，還擺著一張復古的鑲金圓鏡台。

三樓那根連接橫樑的大柱上，有她先生年輕時親筆寫下的字跡——安政三年[3]長谷川卯兵衛建之。漂亮的墨色至今猶存。八十歲的祖母，日日在大柱下方，拉開下緣畫有圖飾的六片屏風，眼前擺上黑漆的雙耳臉盆，在她剩餘的那些牙齒上塗上黑染齒劑，並將頭髮梳成如錢龜[4]大小的「割唐子[5]」髮型，再將一根比牙籤稍粗，但透亮得彷彿會滴水的玳瑁中插髮簪，以及一根附掏耳棒的後插髮簪插在頭上。鏡台的抽屜裡，有著名叫「菊童」的清爽白粉，還有裝在淺碟中的胭脂。祖母為了點火燒一些塗在和紙上風乾的蛋白，取其燒過後的殘渣，曾要我拿著一個綁著元結[6]髮帶的小碟子輕晃。有一次，碟子裡只有一半變黑，我想了一個很傻的理由——反正奶奶每天都會擦它。現在回想起來，那其實是祖母的眉粉。

祖母曾教訓過不重視服裝儀容的女人。

「『我這不是愛美，是個人喜好』、『我是個美女』之類的自戀說詞，還是免了吧。」

文化年間[7]出生的祖母，雖然不是生在江戶，身上卻留有江戶極盛期——也就是文化、文政[8]時期的風韻。凡事怡然自在的祖母，就算天氣再冷，也不會穿筒袖襦袢[9]之類的服裝。

有一年的九月二十，我們要去芝大神宮參加「拖拖祭[10]」，我得以搭松藏的人力車，坐在祖母身邊。我穿著藏青色縮緬布料的單衣和服，上面用淺黃和淺灰詮釋雨雲，還有白色閃電劃過。再用白茶色的唐織[11]腰帶，緊緊地紮成甲斐口結[12]。袖口下方用淡藍色粗絲線一針針收邊，結尾做成一個流蘇垂掛下來。我沿途一邊瀏覽著日陰町[13]狹窄的二手衣街，一邊緊盯著車外，以免錯過了某戶人家又黑又陡、如山一般的大屋簷——每次經過這裡，它總像是在恫嚇人似的，倏忽映入眼簾。

祖母出生於伊勢朝長[14]的大庄屋[15]家庭。她小時候曾在伊勢神宮的祭典中擔任過童女，所以每個月都會到大神宮[16]參拜。祖母常說絕不能踏進五十鈴川，即使是下游也不行，尤其女人更是如此——曾有人在夏夜裡悄悄走進河裡泡水，四下明明暗得像山影環繞，月光卻不知從何處流洩進來，河水閃閃發亮。水一流動，就會傳來呵呵的笑聲。這個人低聲問：「是誰？」之後，有個女人回答：「是我呀！」這個人只好悄悄連滾帶爬地上岸。

她也曾這樣說過：五十鈴川裡的香魚又肥又大，現撈上岸來烤過之後，骨和肉輕鬆一撥就分開，香味好極了……。

前幾年，我去了這條有神路山如屏風般環繞的五十鈴川，在御手洗淵[17]看見毫不怕人的香魚，長得比鯉魚更大更肥。從前這裡落單游走的魚，後來才成了香氣馥郁、足以讓伊勢地區民眾自豪的香魚吧。

參拜回程的路上，我們買了獨眼嫩薑[18]和千木箱[19]當紀念品，也包了幾個太太糕[20]。祖母認定的道德價值，是所謂的「一視同仁」。而她的生活樂趣，看來似乎就是趁這種偶爾外出之際，讓她盡情自由地發揮。了解她這一點個性的人，就會欣然接受她的盛情招待，不會推辭。

「老夫人，今天要去松田嗎？」

人力車一上一下之間，就確定了回程要繞到哪裡去吃晚餐。說是晚餐，但時間才約莫五點。於是我們來到了京橋橋頭左側的餐館松田（從日本橋走過去的話，要過京橋），走上寬寬大大的梯子，進到了二樓。

「已經幫阿松哥留好位子了。」

熟識的女服務生滿臉笑容，拿著鋪有涼蓆的坐墊四處張望，盡可能想找個比較涼快的地方讓我們入座。無奈每個大包廂都已經坐滿了人，最後好不容易才在走道附近，幫我們用隔板在緣廊隔出了座位。

年近八十的祖母、年約六歲的小女孩和阿松哥，三人緊密地圍坐成一圈。祖母的餐點裡，有一條大大的鹽烤香魚躍然盤中。阿松哥毫不客氣地拚命說話、祈求，大快朵頤。正當我閒著無聊時，有位年輕的女服務生走了過來，說：「去看看噴水池裡的金魚吧！」

松田名聞遐邇的原因很多，想必噴水池和金魚也是它的賣點之一。我心無旁騖地看了好一會兒，女服務生突然用顫抖的聲音大喊：

「小姐，趕快到這裡來！」

便把我拉回去找祖母。

我到座位，發現其他女服務生正端起餐點，準備把我們的座位移到位在二樓夾層角落的包廂去。坐在附近的一群中國人，吵吵鬧鬧地說不讓我們換。祖母快步從旁走過。

換到別的包廂之後，鄰座的人還是異樣地盯著我看，一會兒又是撇頭、又是說話，接著又點點頭。離去時，我們在松田的店員護送下從後門離開，我們的人力車就停在那裡。

「沒事了，他們只會盯著前面的樓梯。」護送我們出來的那幾位店員說。阿松哥迅速地拉起車，拔腿就跑。

「嚇死我了！嚇死我了！中國人想擄走這個孩子！」祖母一下車，就對著家裡的人這麼說。

在我嬰兒時期，當時我媽媽還年輕，不小心把蚊帳掛在吊掛式油燈下，讓我在蚊帳裡睡覺。後來不知道為什麼，油燈竟然掉了下來，蚊帳頂部起火燃燒。當下眾人都以為這個嬰兒難逃一死，結果這個熟睡的孩子，連人帶被一起被拖出火場逃命。如今，她又從中國人的擄人魔爪下，逃過了一劫。而這個傻丫頭，不知為何對聲音的喜惡特別強烈，還曾讓蕎麥麵店的老婆婆傷透了腦筋。

剛好，我就把以前為《婦人公論》寫過的短文加在這裡吧！

每當隔壁那家蕎麥麵店「叩咚！叩咚！」的篩粉聲響起，我就會放聲大哭。我家的住家後面，隔著一條狹窄的巷子，對面就是一家蕎麥麵店的倉庫，離店面很遠。中午過後，這裡就會開始響起陰沉的「叩咚！叩咚！」聲。小時候的我，被認為是個很神經質的孩子。就算已經在午睡，在睡夢中聽到這個聲音，也會放聲大哭。我記得是在日後聽父母和祖母談起這段回憶時，才知道他們當時傷透了腦筋。當年討厭篩子聲音這件事，我很確定絕對錯不了，但或許在年幼的我心中，討厭的其實是那整間屋子。我記得當時那裡是一家陰暗、窄小的蕎麥麵店，名叫「利久」，只有老闆和他的奶奶在經營。那位老婆婆瘦骨嶙峋的臉上，往內凹陷的眼珠轉來轉去，露出肋骨清楚可見的胸膛，打著赤膊，拿著擀麵棍，在陰暗處擀著揉過的麵糰。此時一旁的大鍋，總會有白色的熱氣氤氳蒸騰。當她又開始過篩麵粉時，那個和我家儲藏室相連的遮雨棚下方轉角處有個小倉庫，隔著倉庫的窗戶，看得到那個老婆婆滿是縐紋的肩膀上，綁著一條濕手帕，就像披肩似的。她只要披散著那一頭花白的頭髮，露出斑駁的黑牙對我一笑，我實在是無法忍住不哭。還記得當年的夏日裡，家人在悶熱無風的和室裡把我哄睡後，只要聽到「叩咚！叩咚！」的聲音，我就一定會放聲大哭。然而，聽說我當年的哭法，簡直就像是著了火一樣，大人根本無從安撫，現在想來總覺得有點同情那位老婆婆。她當年在不久之後，就因為霍亂而送命，麵店也因此而銷聲匿跡。

有一次，祖母的堂哥從伊勢到我家來作客。聽說當時這位老爺爺已經高齡九十歲，而祖母才剛滿八十。兩人似乎已有五十年以上不曾聚首，一見面就顯得很懷念彼此。那位老爺爺光得發亮的頭上，梳了一個大小有如紅蜻蜓般的丁髷[21]，看在當時的我眼中，簡直是比看到洋人還稀奇。我們在家中二樓的大和室宴請這位老爺爺，還找了他們兩人的親戚——以前曾在深川當藝妓的阿竹奶奶，自家人就這麼喝起了酒來。後來老爺爺還演奏了太鼓，阿竹奶奶彈了三味線，祖母則是跳起了舞。大人要我們小孩子不准去打擾，我偷偷站在樓梯看了一眼——最後兩個老人興致一來，竟面對院子跳起了伊勢音頭，影子悄悄地落在幽暗走廊邊的紙門上，若隱若現地舞動著，兩人的手部動作精湛至極。兩位老人家的舞步，在當年小女孩眼中看來，覺得有趣極了。我最近特地到伊勢的古市[22]，在備前屋[23]欣賞了伊勢音頭的演出，卻沒看到半點記憶中的趣味。

若要認真寫這些事，還有很多題材可寫。但對生在城市裡的孩子而言，我對大自然所留下的稀薄印象，就顯得有些乏善可陳了。

利久的倉庫和我家的儲藏室，原本其實是一整棟的房舍，後來隔成兩間來使用。剛好我家在院子後面的水井旁有一扇窗，水井彼端就是利久的爐灶。

在霍亂疫情嚴重肆虐過後，利久的老婆婆因染上霍亂而喪命，利久也隨即倒閉。那位名叫阿萬的老闆，則成了日薪工人。過了不久，他醉醺醺地來到轉角那間五金雜貨店。開五金雜貨店的佐野家第十三位老闆娘——她膚色黝黑，駝著背，看起來像是一隻油亮亮的扁鍬形蟲——來我家通報，說阿萬一口氣喝太多燒酎過世了。

佐野先生有時會說些很有意思的事，他說自己的太太愈換愈糟，最後竟換成了這種髒兮兮的女人。老闆娘聽他這麼說，竟一點也不生氣，繼續煮著她的漿糊。天氣晴朗的日子，只要一大早從廁所的窗戶往外窺看，就能看到她摺好手帕，墊在衣領下方。其實她都會把衣領向後拉到微駝的背上，露出背後的溫灸痕和肩上的按摩藥布，髮尾的髮油還不至於弄髒和服衣領。她還會用襷帶綁起和服衣袖，攪拌大鍋裡那些上漿用的漿糊。佐野家店外掛著「上漿」的招牌，夏天的上午生意很好，老闆娘要忙著為衣服上漿。平時她會拿著細木板上裝著竹斗柄的煙斗看店，很多店家會派學徒來買漿糊。

霍亂疫情肆虐，幾可說是侵襲了每個家庭。我們每天都只能吃葛湯[24]、蕎麥丸[25]、麵疙瘩、麵線湯等熱食。家中有人罹病的家庭，就要將茅廁拆毀，並掛上菰草，出入口也要拉起繩索，還有員警站崗。

那位在深川當過藝妓的阿竹奶奶，也因為罹患霍亂而過世。祖母的這位姪女，身材高挑、腰背直挺，肌膚雪白、額頭高寬，總覺得她長得和祖母特別像。她先是搭著街邊招的人力車到我家之後，就說自己身體不太舒服。我們勸她最好盡早回家，她本來搭著原車離開，結果車伕隨即折返回來，說這位客人樣子不太對勁，便讓她下車。

阿竹奶奶從門口進屋，穿過院子，在連通緣廊坐了下來。她的模樣已和剛才離開時截然不同，額頭泛著青紫、臉色蠟黃，雙眼凹陷，眼神呆滯，難怪車伕會送她折返回來。因為她就住在距離不遠處的鐵砲町，於是我們多付了一些車費，請車伕把病人送回家去。

幾天後，阿竹奶奶開的冰店乾爽空蕩、門可羅雀。她本來開鬥雞鍋店，後來發現不行，才又改開冰店。她的兩位兄長都好酒色、迷賭博，其中一位哥哥和他們的母親也都得了霍亂，短短兩、三天之內，家裡就有三個人往生。

這家西川屋，以往店面也開在大門通上，面寬很寬敞，就在利久蕎麥斜對面。現址還是一家很大的香菸批發行，更早之前，這裡是官方御用和服——西川屋的店面。而當時的店東，就是我祖母的哥哥，他很早就來到江戶謀生，和前妻生了一個長相標緻的女兒。後來那個由女管家升格而來的續弦妻子，會欺負這個前妻生的女兒。因此我的祖母很早就把她接來撫養，並且讓她成為我父親的童養媳——雖然我父親的年紀比她小。

那位續弦妻子生了由次郎、鐵五郎和阿竹。西川屋的老爺過世之後，風流瀟灑的兒子們，馬上就敗光了家業。其實西川屋會倒，和明治維新的瓦解應該也有關係——兩個兒子一直縱情揮霍玩樂，由次郎就算沒死於霍亂，也不會長命。

在鐵哥升格為鐵公之後，情況更是誇張，甚至已經到了隨心所欲的地步——在賭場流連、當藝妓的情夫、當雞肉餐館的廚師，在車行管帳，在老闆家寄居，還娶了青樓女子為妻……在恣意放蕩的過程中，鐵五郎完全變成一個花花公子，只要一缺錢，就會像一隻蛆一樣，處處惹親朋好友討厭。

我第一次看到這個男人，是在越前堀的於岩稻荷神社[26]附近，當時好像有人收留他。那是在染布行帳房旁的一間小屋，茄子正開著紫色的花。臉色偏白、長得一臉國字臉的老太太，絮絮叨叨地向祖母說的阿鐵的壞話。不過，當時的阿鐵，只要我父親交待他做事，他就會清清楚楚地回答「好」，然後俐落地幫忙辦些小事——說穿了，那些都只是家裡的雜務，不是什麼困難的工作。他只有長相還算是個端正且有威嚴的男子漢，有著一副罕見的英挺長相和體格。他那張長長的臉上，搭配了一個合適的高挺鼻子，以及一雙大而橫長的眼睛，簡而言之就是長相很性格的男人。然而，他的本性卻很苟且隨便。他的母親常趁著晚上，像掩人耳目似的來到我家後門，在祖母的膝前蹲著，拜託祖母施捨。等到這個女人離開之後，祖母總會嘆著氣說：

「還真是娶了一個不得了的女人進門，西川屋也因為有她在而關門大吉。那個女人的心態真是偏差……」

不過，祖母終究還是會說：「她當年那個女管家的模樣，穿著裲襠[27]嫁進來的時候，是很漂亮的。」最後總會因為同情，而施捨東西給她。

有一天，祖母照例帶著我出門，來到山手坂的某條路上。阿松哥說那裡叫做富坂。阿松哥一邊鑽進巷弄小路，嘴上說著：「還真是個糟糕的地方」，眼裡尋找著路段號碼和門牌，但就是找不到西川鐵五郎家。於是我們問了一戶像是空屋的人家，對方竟然用很微弱的聲音回答：

「就是這裡，就是這裡。」

祖母在阿松哥執手攙扶下，走進了那間屋子。屋裡既沒鋪榻榻米，地板托梁也很斑駁。

「老夫人。」

將櫥櫃門片拉開一個細縫，喊出這一聲的人，正是兩、三天前晚上，身穿用一條繩子綑住的棉襖來到家裡，在廚房挨罵的那個女人。

「總之給我出來，沒地方坐也無妨。」

祖母說完之後，過了半晌，才有一個半裸體的女人磨磨蹭蹭地爬了出來。

「天吶！哎唷喂呀！」

看傻了眼的祖母，要阿松哥去把放在人力車上的行李拿來。

「把妳搞成這個樣子，就拋下妳不顧？阿鐵那個不是人的傢伙到哪裡去了？」

話才剛說完，阿鐵就從櫥櫃裡爬了出來，身上只穿著一條兜襠布，說：

「我沒臉見您。」

後來，當阿鐵知道祖母是來救濟他的時候，他們兩人都忘了前天晚上，曾說過這個女人得了致命疾病，突然情況危急、昏迷不醒的事。兩人雖然裸著身子，卻精神奕奕地說著自己是如何撐不下去。他們的話術實在很高明，聽得連我這個小孩都覺得很有意思。

「很好，很好。你要死在路邊，那是你的自由，但女人可不行。」

祖母在這棟屋子停留期間，米店送了米來，木炭行也送了炭上門。而女人則是穿上了從小松哥的那些行李中，所拿出來的和服。

鐵五郎大方地修補了地板托梁，並把原本鋪在櫥櫃裡的繡花草席拿出來放好。阿松哥把蓋腿布鋪在上面，幫祖母和我騰出了一個可以棲身的空間。

都到了這個地步，祖母還是不會討厭別人。她叫了天屋的餐點，讓眾人大快朵頤。酒過三巡之後，阿鐵興奮地滔滔不絕，說自己是如何讓房東大傷腦筋——把榻榻米賣掉，把地板托梁拿去當柴燒掉等等，於是挨了一頓罵。

我出門回家之後的口風很緊，因此祖母特別疼愛我。反觀妹妹在外表現得很文靜，一回家就立刻告密，所以祖母說她愛裝模作樣，總是拋下她逕自出門。雖然祖母討厭我們亂打小報告，但並不表示她是一個瞞騙掩飾的人。記得是從阿鐵家回來之後那天晚上，也或許是隔天晚上，祖母就在阿松的人力車上塞滿了東西，再度前往那個懶鬼的住處拜訪。

「這樣做也沒用……」

母親嘴上這樣說，但還是幫忙準備了棉被和其他物品，讓他們搬上車。

然而，當阿鐵自己以卑微可憐的姿態，如毛蟲般蹲在後門時，祖母對他毫不寬容，絕不濫用同情。當傭人來替阿鐵傳話，說：「想求見老夫人一面」時，祖母要傭人去對他說：「別把手放在廚房後門的門檻上，要就走正門！」

祖母討厭別人卑躬屈膝，但並不排斥貧窮。然而，可憐的阿鐵，卻不以卑躬屈膝為忤，反而以貧窮為恥，總是忸忸怩怩地蹲在那裡。祖母看不下去，便走到後門，用長柄水瓢裝了水，淋在阿鐵頭上，還痛罵了他一頓：

「快給我滾！這裡是你伯母家，有事給我從正門進來！」

我母親原本老是小聲抱怨嘮叨，看了這一幕，反而覺得阿鐵可憐，會塞給他一些零錢。

這位恬不知恥的外甥，每次只要稍微走運，就會提著濱金的今戶燒有蓋陶缽，身穿唐棧[28]材質的清爽打扮，膝蓋收攏，直挺挺地坐著，配著魚板和海膽，愉快地喝酒。每逢這種日子，他的鬍鬚總是異樣地發青。

這個男人晚年中風，待身體好轉後，改替一家車行老闆管帳，年輕員工對他都很親切，但還是多靠年輕員工接濟、幫忙。有一次，他說想來家裡見個面，便來到了我家。那時他的模樣看起來已不再難堪。那麼一個大男人，口齒不清地說著話，露出開心喧鬧的表情時，大家都很吃驚。

「你呀，竟然能有這麼好的重生機會……其他年輕員工還真的很照顧你啊！」

我父親才一說完，他便接著說：

「是啊！以前那個在去過澡堂回家的路上，會裸著身體到吉原去尋歡的臭小子……年輕員工們真的都對我很好。」

我們的確也想見見這些年輕員工，不過後來我父親也交待他，要對那些照顧他的人道謝。

一、二，太右衛門的乙姬公主，鈴嘎啦轟地被追著跑……[29]

大聲唱著童謠的傻丫頭，也到了要上小學的時候。當年比較自由，六歲也能獲准入學。寫在學校的幾個小字「尋常代用小學[30]」，若說是「源泉學校」，一般人比較容易理解。主要課程只有珠算、習字和讀本[31]，師母會幫忙，太師母也會幫忙。

阿松哥扛著一張有兩個抽屜並排的桌子，媽媽帶著我，拿著入學費和甜點禮盒，穿過了學校的格子門。老師皮膚黝黑，臉上長著一些面皰。太師母臉型四方，皮膚白晰，是一個很有氣質的人。她曾為達官貴人擔任書記工作，因此筆跡娟秀，早有好評。師母年紀尚輕，是一位長得很漂亮的女性。

穿過格子門之後，左邊有另一扇拉門，裡面是一間半住家用的和室，上方的二樓則是會客用的和室。太師母提到老師時，會「秋山」、「秋山」地稱呼他。老師很兇，所以我一直認為他已經上了年紀，其實可能才約莫三十歲。

從隔天起，我的桌子就和大家擺在一起，大家一起上課學習。快到中午時，會發點心給大家吃。今天早上上學時，阿松哥送來的四個大袋，現在已經被拿了出來，妥善地把裡面的點心分配給大家。幾個負責發點心的孩子，在全校同學的桌上，分別依序放一、兩個落雁[32]，接著是仙貝海苔捲，然後是瓦煎餅。

我的母親有留下紀錄，謹容我在此分享：

小保[33] 開始上學
砂糖禮盒　五十錢
給其他孩子的點心　五十錢
其他備忘
一月紅包　五十錢
七月中元　謝禮　五十錢
考試　七十錢
月費　三十錢
年底　煎蛋禮盒
紅包　五十錢
其他寒、暑

怎麼這麼便宜？我因為曾在豆腐店前面看過價格，所以知道一塊豆腐才賣五厘[34]。我不清楚米的價格，所以沒辦法寫出來。

考試的費用看起來特別貴。那是因為所謂的考試，其實就等於是要到學校去吃紅豆飯，比較費工。考試方式是學校會請來附近小學的校長，大家都一臉嚴肅，等著孩子走上前去應考。因此各年級當中比較優秀的學生，最好排在前面，在友校校長面前完成考試。前兩天複習的時候，所有考試內容我都會了，但秋山老師對弟子的關愛程度是出了名的，考試當天會提心吊膽一整天。這一天大家都會盛裝打扮——女孩穿三件一組的小袖和服，頭上插著有裝飾的玳瑁髮簪或瀏海髮簪，個個都將和服下擺反摺平整，端正地坐著，男孩則穿有家紋的黑色長袖羽織搭配袴和服[35]。

黑漆托盤上盛放著紅豆飯和御煮染[36]。功課不好的男生，吃完了這些餐點之後，就會悄悄溜出去釣魚，很久都不回來。校長們的餐點裡，則是為他們準備了大盤的生魚片。

西式算數等科目，大都是秋山老師先請一位同學說答案，接著老師會再問：

「算對了嗎？」

接著大家就會舉手，這樣才算對完答案。其他較年邁的校長，都在坐著打瞌睡。

年底的即席揮毫活動，比考試更熱鬧許多。進入十二月之後，學校就會發下一張範本，是折成四等份的西之內和紙。低年級就寫壽、福之類的字，難一點的會寫三、五、七個字，像是南山壽、百尺竿頭更進一步等等。

這時大家已經完全拋開學科，專心對付這份習字，還有磨墨。

「我的是丸八的柏墨。」

「我的是高木的伊呂波墨。」

「你那個不行啦，伊呂波墨要是弘法的才行。」

同學們各自說著自己的意見，一邊磨墨。墨條要是磨短了，就夾上竹製的墨條夾再繼續用力磨墨。

有些孩子在墨盤裡加了梅花，還說：「這樣就會變得很香喔」；還有些孩子說要讓香味更快變濃，就在梅花上沾了墨汁，加速梅花變軟。

「這樣會太濃啦！」也有人排斥加這些東西。

這裡是個商業城市，每到年底總是莫名地生意興隆。大家也會送很多禮品到學校，舉凡砂糖禮盒、整箱蜜柑、整袋煤炭、祭祀用的年糕等。完成即席揮毫之後，從那一天起就開始放假，放學時可帶蜜柑回家。

即席揮毫會寫兩張：一張在學校一字排開地張貼出來，一張帶回家。家長會很自豪地把它貼在客廳、會客室，或像我家貼在玄關。

這位秋山老師也是個值得一寫、不容錯過的人物！學校本身也還有很多題材可談，還有歲末的事情也是……。

賣柏墨的「丸八」，是位在大傳馬町三丁目的老字號商行，店面是很氣派的土藏[37]建築。聽說那棟建築，是曾和紀文[38]鬥富的奈良奈家族的住宅。還有，我記得是在《大晦日草紙[39]》——總之就是在一種草雙紙[40]裡，出現了一幅畫，圖中畫著壞人要煽動一位年輕老爺進花街柳巷。丸八家的人看到媳婦在哭，才發現原來畫中人就是丸八的前任當家老爺。後來，又有人看到春宮畫冊裡，有一位名叫「高總」的富豪，曾和一位名叫「香字」的富豪比誰的出手闊綽，我聽說那八成也是「丸八」的故事。我不確定這些傳聞是否屬實，不過看來「丸八」家族的確發生過如此揮金如土、高調張揚的事件。

譯註1　舊時日本的民間說唱藝術，由一位表演者分飾八角，或彈奏多種樂器。

譯註2　一八八五年創立，日本橋地區的鰻魚飯老店。

譯註3　一八五六年。

譯註4　日本石龜的幼龜，俗稱錢龜，是一種寵物。

譯註5　江戶末年至明治初期流行的一種髮型。

譯註6　古代的簡易束髮帶，功能類似今日的橡皮筋。

譯註7　西元一八〇四—一八一八，江戶時代後期。

譯註8　文化、文政時期為西元一八〇四—一八三〇年，指江戶時代末期的文化~文政年間，貨暢其流，社會繁榮奢靡，市民文化、民間通俗藝術興盛的年代。

譯註9　穿在和服底下的內襯衣。

譯註10　正式名稱為「生薑祭」，但因慶典長達十一天，江戶人認為它拖拖拉拉、沒完沒了，便為它取了這個暱稱。

譯註11　加入金、銀線刺繡製成的豪華和服腰帶。

譯註12　現稱為貝口結，兩者在日文中的發音相同。

譯註13　現在東京的澀谷區千駄谷五丁目一帶。

譯註14　日本三重縣的地名。

譯註15　「大庄屋」是江戶時期的地方行政官員，管理數個村莊，類似鄉、鎮長。

譯註16　主祀天照大御神的神社，以伊勢神宮的內宮為總本山，在日本全國各地有多處分支。又稱為神明神社。其中芝大神宮位於東京，昔日曾有「關東伊勢神宮」的稱號。

譯註17　現稱為御手洗場。

譯註18　江戶時代在芝大神宮祭典時，小販賣的薑，後來發展成知名商品。

譯註19　芝大神宮在祭典時賣的紀念品，江戶時代是用神社多餘的邊材製成小木盒，盒上有紫藤花彩繪，盒內裝有糖

果或炒豆。目前仍有販售，是很受歡迎的開運紀念品。
譯註20　自江戶時代起，參拜芝大神宮時的知名紀念品。
譯註21　江戶時代年長男士的髮型。
譯註22　現為三重縣伊勢市古市町，位在伊勢神宮的內、外宮之間，江戶時代曾發展成日本著名的煙花巷。
譯註23　當年在古市的煙花巷裡，規模首屈一指的聲色場所。
譯註24　用葛粉加水、砂糖煮成的半固體狀甜食。食用後能讓身體感到暖熱、好消化，自古就是日本的副食品、病人餐。
譯註25　在蕎麥粉中加入熱水揉成糰，作成類似湯圓的食物，口味可甜可鹹。
譯註26　位於東京新宿區四谷的於岩稻荷田宮神社。
譯註27　古代武士家庭婦女所穿的禮服，到江戶時代之後，也傳入富裕的民間家庭。
譯註28　江戶時期流行的一種棉織布料，早期都是舶來品，後來在日本的川越也有生產，稱為川越唐棧。
譯註29　江戶時代以後流行的一首童謠〈太右衛門的乙姬公主〉。
譯註30　截至一九〇三年三月以前，日本在公立小學無法提供足夠員額讓學生入學就讀時，就能在各鄉鎮村內設置私立小學，這種小學就稱為尋常代用小學。長谷川時雨於六歲時，進入秋山源泉學校就讀，地點就在校長家中，也算是一種形式的私塾。
譯註31　二次世界大戰前，日本小學用的國語教科書。
譯註32　一種日本傳統甜點。以穀類澱粉加麥芽糖或砂糖拌勻後，放入模型中切割，再風乾即完成。外觀類似台灣的拜拜供品「糕仔」。
譯註33　長谷川時雨的本名是長谷川保（Hasekawa Yasu）。
譯註34　一錢等於十厘，一厘約相當於現代的二十日圓，約為新台幣六元。
譯註35　羽織是和服外衣的一種，袴是和服的一種裙子，兩者搭配穿著，是相當正式的禮服。
譯註36　以蒟蒻、根莖類蔬菜、昆布和豆皮，燉煮成甜甜鹹鹹的一道家常菜。

譯註37　用木骨土牆打造的傳統日本建築，防水、防火效果佳。

譯註38　紀伊國屋文左衛門是江戶時代名聞遐邇的大富商，簡稱「紀文」，是個行事正大光明的生意人；人稱「奈良茂」（即文中的「奈良奈」）的奈良屋茂左衛門則是以木材買賣起家的富商，後轉營不動產買賣。雙方常在吉原鬥富，比誰更富裕、風雅。

譯註39　正確名稱為《大晦日曙草紙》，是江戶時代後期的草雙紙作品。

譯註40　內含大量插畫的通俗小説刊物形式，自江戶中期以後風行，直到明治初年才退燒。

◎作者簡介

長谷川時雨・はせがわ　しぐれ

一八七九—一九四一

初代女流劇作家、小說家。明治十二年出生於東京府日本橋區。生在禁止女人有學問的時代風氣下，長谷川仍展現對詩歌書畫和戲曲的高度興趣。十七歲時師事歌人佐佐木信綱學習古典，一九〇一年發表短篇小說〈埋火〉於《女學世界》獲得特賞，一九〇五年發表戲曲〈海潮音〉於《讀賣新聞》，備受坪內逍遙青睞。隔年發表的《霸王丸》由六代尾上菊五郎等知名歌舞伎演員搬上舞台，一舉成為日本首位女流劇作家，其後陸續發表劇本，部分至今仍上演不輟。但名氣伴隨著批評，幾次上演受挫後她轉而致力於育成女性作家、提升女性社會地位，一九一一年起發表一系列美人評傳獲得好評，一九二三年創刊《女人藝術》雜誌，除了連載以自身細膩觀察日本橋人情世態與風俗後創作的《舊聞日本橋》外，林芙美子代表作《放浪記》亦首見於該雜誌，為後代女流作家嶄露頭角提供了絕佳舞台。

鮭魚作祟

田中貢太郎｜たなか　こうたろう

到了晚上，漁夫叫太太去煮一些蕎麥麵，說是要預祝明天滿載而歸，還喝了兩三杯酒。此時，屋頂上已有星光閃爍，伴隨陣陣蟲鳴。「明天應該還不會有人撒網吧？這麼好的機會，我們一定可以捕到很多魚！」

流經常陸和下總之間的大利根川，自犬吠崎畔流入海。這個故事不知是發生在何時，但當年利根川裡還有許多鮭魚洄游，鮭魚捕撈相當興盛。有一位窮漁夫，住在銚子附近一個叫做四日市場的地方。每到鮭魚洄游旺季，他總會和太太搭檔，不眠不休地捕鮭魚。

利根川河口已吹起秋風，飄過空中的卷積雲一天比一天多。鮭魚洄游的時期已經來到。窮漁夫從家裡後面的漁網倉庫，拿出捕鮭用的漁網，修補破漏，換上新的拉繩，觀望著鮭魚洄游的滿潮時機。總算等到漲潮，窮漁夫做好準備，打算明天破曉時分撒網捕魚。

到了晚上，漁夫叫太太去煮一些蕎麥麵，說是要預祝明天滿載而歸，還喝了兩三杯酒。此時，屋頂上已有星光閃爍，伴隨陣陣蟲鳴。

「明天應該還不會有人撒網吧？這麼好的機會，我們一定可以捕到很多魚！」漁夫對著坐在用膳桌前吃蕎麥麵的太太說。他還想像了一條足以佔滿整張漁網的大鮭魚。

「要是能滿載而歸當然很好，但真的會這麼順利嗎？」太太似乎不敢奢望太多。

「會啦！一定能滿載而歸。要是連這種好時機都捕不到魚，那什麼時候才能捕得到魚啊？妳看著吧！」

「話是沒錯，但會不會太操之過急了一點？」

「哪會太急？去年不是還提早了十天撒網嗎？」

兩夫婦覺得屋外有人，來到門口一看，發現有一位雲遊四海的和尚上門。他拿火把來當作照明，火光矇矓地照亮了他那鼠灰色的袈裟。

「哦！是大師呀！我們正在預祝捕撈鮭魚能滿載而歸呢！」漁夫回頭看了一下自己的老婆，接著說：「要不要進來吃點蕎麥麵啊？」

漁夫太太盛了一碗蕎麥麵，端出來給和尚。

「太感謝您了。」和尚像是恭敬領受似地接下蕎麥麵，在鋪著竹棧板的緣廊邊坐下，說：「我很感謝您請我吃蕎麥麵，但一想到這是預祝捕撈鮭魚滿載而歸的餐點，就覺得鮭魚實在是很可憐。怎麼樣？能不能別去捕鮭魚？」

漁夫笑了出來。

「如果說因為那些被捕撈的鮭魚很可憐，就不去捕鮭魚，那我們夫婦就要餓死了。」

「您說的也有道理，但畢竟取走生物的性命就是殺生，一定不會有好報的。」

「就算真的不會有好報，我家世代都當漁夫，根本無從轉行啊！」

「您說的也有道理，那至少這兩、三天，能不能別去捕魚？」

「我們是可以兩、三天不捕魚，但就這兩、三天不撒網，後面又再捕魚，那不是一樣嗎？」

「不一樣。這兩、三天滿潮，會讓很多鮭魚洄游，所以兩、三天不捕，就能讓罪孽減輕許多。」

「大師，您怎麼會知道這兩、三天滿潮，會有鮭魚洄游？」

「這些事情我都很清楚。」

漁夫很開心地說：「那表示我的判斷正確！」但對於和尚說的話，也並非全然不以為意。

「所以這兩、三天還是別捕魚的好。」

漁夫不發一語。和尚總算開始吃起了蕎麥麵。

漁夫問和尚：「殺生的報應很可怕嗎？」

「很可怕。家族一門全都要淪入畜生道，來世投胎會變豬狗畜生。」

轉眼間，和尚吃完了那碗蕎麥麵，把碗放在面前。漁夫雖然想捕鮭魚，但和尚的這番說詞也很可怕。

「那我就等個兩、三天吧。」

「那就好，那就好。我出家人不打誑語。」

漁夫決定聽從和尚所言，這兩、三天都不撒網捕鮭。和尚感謝他們夫婦的款待之後，翩翩地擺動著袈裟的衣袖離去。

「你明天還真的打算不捕魚了？」漁夫太太用嘲諷般的聲音說。

「和尚都這樣說了。」漁夫看了太太的臉。

「那個和尚該不會早就想好要說什麼話了吧？說不定是有人打算明天要自己大豐收，想阻止你去捕魚，就去找了這個和尚，叫他上門來說這些話的呀！」

聽太太這麼一說，漁夫覺得好像也不是不可能。

「會嗎？」

「一定是啦！要不然和尚怎麼會懂捕魚的事。」

「說的也是。那我們還是去捕魚吧？」

「對嘛！怎麼能被那種人騙呢？」

清晨，漁夫夫婦隨著第一聲雞啼起床，乘船來到利根川河面，撒下魚網。那裡有著成群準備洄游的鮭魚，教人瞠目結舌。天還沒完全亮，捕了一整船鮭魚的漁夫夫婦，先回到岸邊一趟之後，又抓了滿滿一整船的魚。發現這對夫婦豐收而跟著來撒網的人，雖然也捕了不少魚，但沒人能和他們夫婦匹敵。

那天晚上，漁夫決定買點酒、燒幾道菜，在家裡設宴款待鄰居。他從自己捕撈到的鮭魚當中，挑出幾隻特別肥美的來烹調。沒想到，有一尾鮭魚的肚子裡，竟然出現了一大堆蕎麥麵。原本在動手宰殺鮭魚的漁夫，想起了自己請那位和尚吃的蕎麥麵，覺得很觸霉頭。

窮漁夫因為這天的豐收，賺進了大筆的財富。他立刻搖身一變，成了村裡最有錢的富翁，過著豐衣足食的生活。但從鮭魚肚子裡跑出蕎麥麵的事，一直烙印在漁夫的腦海裡，揮之不去。

約莫在這個時期，漁夫的太太懷了身孕，隔年夏天臨盆時，卻生出了一個很醜的女兒。不僅如此，漁夫女兒的臉上，還有一些像魚卵似的紅色斑點，就連頭髮都是捲曲的。漁夫太太看了這麼醜的孩子一眼，便氣急攻心，產後調養也不順利，後來竟然就這樣喪了命。

富翁眼前彷彿看到了那位要他兩、三天別捕鮭魚的和尚，和鮭魚肚子裡的蕎麥麵交纏在一起。富翁一臉驚恐，看著奶娘懷裡那個醜陋的孩子。

後來富翁愈來愈有錢，要什麼有什麼，唯獨那個醜女兒的長相，就是令人束手無策。富翁覺得，如果能讓這個女兒長成一個普通的女孩，他願意散盡家財，也在所不惜。

進入青春年華之後，富翁女兒臉上那些有如魚卵似的紅色斑點愈長愈多，捲曲的頭髮看起來也變得像是紅褐色。女孩也對自己的長相怨嘆不已，後來乾脆避人耳目，總是躲在深閨裡。

這時候，出現了一位自稱來自都城的算命師，身上有病未癒。富翁看到他，為了想替自己積善根、消業障，便讓他暫住在自己家裡，還替他治病。

算命師是個美男子，富翁的女兒從女傭口中聽到了這個消息，撩撥了她的心弦。於是，在女傭的巧計安排下，富翁千金得以窺見算命師在某個房間裡看書的瀟灑模樣。

後來，富翁發現女兒總是茶不思、飯不想，待在自己房間裡，一副若有所思的模樣。富翁很擔心，便找來奶娘和女傭打探究竟。他很仔細地聽了女傭的描述。

隔天，富翁把算命師叫進了自己的房間。

「我有一件事想拜託你，你願意聽聽我的請求嗎？」富翁說完這句話之後，接著又很難以啟齒似地說：「我女兒對你一往情深，幾乎可說是已經到了相思病的地步。這個醜女兒，我知道對你來說實在是很委屈，不過這個家的財產，從今天起可以全都交給你。拜託你，請你娶我的女兒！」

算命師看過這個醜女兒，對她厭惡到了極點，但又不能無情地拒絕恩公的請求，只好勉強答應。

「你願意答應嗎？太感謝你了！那事不宜遲，今晚就先辦訂婚吧。」

富翁興奮地下令，要家僕們準備宴席座位。待一切準備就緒之後，便請算命師和自己的女兒站在一起，倒酒慶祝他們締結良緣。算命師刻意閉眼不看富翁的女兒，女兒則是低著頭，一直沒抬起她那張醜陋的臉。

算命師為了報恩，硬是喝下了交杯酒，但待在這個醜女兒身邊，實在是讓他很受不了。他趁富翁女兒入睡之後，偷溜下床，打開遮雨窗逃了出來，信步走到了小濱村。那是個秋水澄澈、明月當空的夜晚。

算命師走著走著，竟開始同情起了富翁的女兒。他覺得自己真不是人，竟拋下這個對自己用情那麼深，甚至還患了相思病的女孩逃走。可是一想到女孩臉上的紅色斑點，和她那紅褐色的捲髮，就覺得那已經不是醜，而該說是嚇人了。他實在是提不起半點回去的念頭，然而，想到自己逃婚之後，那個女孩會有多麼傷心，又很難邁開步伐。他左思右想之下，走著走著，來到了水流泛白的利根川畔。

他靈機一動，想到如果自己投河自殺，女孩應該就會莫可奈何地放棄這門親事。他想到這個妙計之後，便把腳上穿的草鞋脫下來擺在河邊。相傳投河、跳海自殺的人，都會這麼做——往西安寺逃去。

女孩醒來之後，發現算命師不見了，大驚失色，在家裡到處找了一圈之後，發現算命師逃走時打開的遮雨窗還開著。女孩馬上就明白是因為自己長得太醜，所以算命師逃婚了。她像發了瘋似地跑到屋外，到處找人。那一晚的破曉時分，她來到小濱村的河邊，發現有人把一雙她家的草鞋脫了擺在這裡。女孩見狀，以為算命師因為討厭她而尋死，竟突然跳進了水裡。

這個可憐的女孩，屍體漂到了銚子的河口處。當地村民同情她，便為她收屍，還把她的牙齒和頭髮上的髮插埋在河口邊，把她當作神明來供奉。現在銚子町東端的圓福寺，後方有個小山丘，山丘上的川口明神，就是她的陵墓，俗稱白紙明神。其實這裡原本叫齒櫛[1]明神，看樣子這個俗稱，應該是個不知何時開始的訛誤。因為供奉的是這個女孩，所以當地人只要有頭髮捲曲的，就會進奉梳子；臉上長腫皰的，就會獻上口紅和白粉，以祈求明神化解。這些祈求還真的很靈驗。在鄉野傳說當中，女孩名叫延命姬，算命師名叫安部晴明[2]。供奉晴明的社寺，位在西安寺內，據說只要誠心向祂祈求，就能在捕魚時滿載而歸。

譯註1　「齒櫛」和「白紙」，在日文中的發音是「Hakushi」。

譯註2　此處依原文底稿用字，另一常見寫法是「安倍晴明」。

田中貢太郎・たなか　こうたろう・一八八〇―一九四一

◎作者簡介

田中貢太郎・たなか　こうたろう

一八八〇—一九四一

小說家、日本怪談巨匠。號桃葉，明治十三年生於高知縣長岡郡。小學中退後於漢學私塾就讀，先後擔任教師、報社記者等職務。上京後師事大町桂月、田山花袋等文學名家，一九〇九年起協助田岡嶺雲晚年代表作《明治叛臣傳》的資料蒐集與代筆寫作。自言深受中國小說家蒲松齡影響，嗜讀《剪燈新話》、《聊齋誌異》等中國志怪小說的田中貢太郎，於一九一八年首次嘗試創作怪談《魚妖・蟲怪》發表於《中央公論》，旋即掀起怪談創作熱潮，開啟其後致力於怪談寫作、改編與翻譯的創作生涯。一九三四年出版其耗費二十餘年、總數約五百篇的集大成之作《日本怪談全集》，奠定他在日本怪談文學領域中無人能及的泰斗地位。

夜市攤販

久保田萬太郎｜くぼた　まんたろう

壽司、炸天婦羅和關東煮攤，填滿了淺草廣小路當年的蕭條景象。淺草的夜市攤販，迄今仍是食物的天下，只不過在壽司、天婦羅和關東煮攤當中，現在又夾雜了拉麵、一品洋食、串燒……。

說來奇怪，在大風呂横町和源水横町[1]之間，有著這麼一條無名巷。有一家賣糖果的在這裡擺攤，攤頭總會傳來「叮鈴鈴」的敲鉦[2]聲響……一陣「叮鈴鈴」的聲響過後，兩側家戶的屋簷上、招牌下，還有寬闊的街道各處，已不見陽光照耀。兩旁蓊鬱的柳樹樹梢，「暮色」已深——換句話說，蝙蝠在空中飛翔，如清水般澄澈的天空中，點點星光閃爍著。

就在此時，壽司、炸天婦羅、關東煮等夜市攤販紛紛出籠，從誓願寺腹地內向外綿延，彷彿一艘艘急著靠岸的船隻。

然而，這些攤子上都還沒看見燈影。

「蛤蜊……帶殼蛤蜊……」

在傍晚時分的喧囂中，不知從何處傳來這一陣悅耳的聲音。

「照這個狀況看來，應該是沒問題的啦！」

「這種天氣，應該還能撐啦！」

攤商老闆個個推著自家的攤車，有一搭沒一搭地聊著。

蝙蝠、黃昏市場的當日漁獲、星星、夜市攤販……。

當時電車還不若今日往來頻繁，行人熙來攘往的程度，也不似現在令人目眩。明亮的一天，就這麼過去了——我說的是淺草廣小路。那個二十年前，伴我成長的淺草廣小路。當年家家戶戶都還點著煤氣燈，而這些只是彼時光景的一部分。

出現在這些懷舊回憶裡的攤商老闆，有的已在當紅的公園附近開起了壽司店，店面寬廣達數間[3]，店裡員工不知凡幾。也有人還在攤車那塊褪了色的暖簾後面，拿著使用多年的長筷，獨自寂寞地賣著炸天婦羅……每當我仰望命運之星高掛的黃昏天空，總不禁想起，不知道淺草已經有多少年看不到蝙蝠飛翔了？

*

壽司、炸天婦羅和關東煮攤，填滿了淺草廣小路當年的蕭條景象。淺草的夜市攤販，迄今仍是食物的天下，只不過在壽司、天婦羅和關東煮攤當中，現在又夾雜了拉麵、一品洋食[4]、串燒……聽我這麼一說，或許會有人笑我，說「以前早就有串燒了」。不過，以前那種串燒，是像源水橫町那家五金行的轉角，點著行燈當指引，一邊開燈籠店或木炭行，老爺爺或老太太用炭爐生火，做點小生意的店家，所烹調出來的食物。在復古的壽司、炸天婦羅、關東煮攤車，硬是頑強地掛起褪色的藏青色暖簾之際，讓現在的串燒，像是悲哀地反映出滑稽的時代切片似的，和拉麵、一品洋食一起，在攤子上小心翼翼地掛起略顯髒污的白色天竺棉暖簾。所謂的串燒店，在型態上有了顯著的進步。

而那樣的光景——不管是褪了色的暖簾，或是略顯髒汙的布簾，說穿了都是屬於深夜的，都是入夜之後才會甦醒的光景。而這些滋味，不管是拉麵、炸天婦羅、一品洋食、關東煮或串燒，也都是屬於深夜的，是入夜之後才會甦醒的滋味。在這些滋味裡，有著夜市攤販的無常命運，如果光是這樣說還不夠的話，或者該說是藏著這些通宵小吃攤如浮萍般飄渺無常的命運。

如今，我們還能在這些夜市攤販或通宵小吃攤外，找到觸目所及的各種風情，例如明月西沉，或短夜拂曉時懸於空中的橫雲，或梅雨時節籠罩天空的灰白霧靄，甚至還能給人更強烈、更深刻地感受——這都是因為我們碰觸到了小吃攤裡的命運，我們真切地碰觸到了那些如浮萍般飄渺無常的命運所致。請容我這樣說：夜市攤販或通宵小吃攤，最能為休息時的、精疲力竭的、拋開虛榮和面子的東京，寂寞地詮釋它那毫無矇騙、掩飾的樣貌。

以往，有人曾告訴我，說他在丸之內一家設在高樓與高樓間的關東煮攤前，聽到小杜鵑鳥叫。我對小杜鵑的切身感受，從沒像聽到這番話時那麼強烈。

*

世上沒有什麼人比夜市攤販更清楚季節遞嬗，尤其夏天更是如此。聽我這麼一說，您應該就能馬上想到：在舊書、古玩、日用品等各種四季從不改變的店家，整整齊齊、櫛比鱗次地一字排開時，中間混雜著金魚小販的攤子吧？您也會想起賣蟲小販攤子上的市松[5]花樣吧？還會想起燈籠小販時明時滅的燈籠，那一個個無所憑依的影子，映著月光旋轉嬉戲吧？同時，您應該還會想起平靜無風、滿天星光、萬里無雲的天空吧？

不過，在這當中，一聽見五月到來，就搶先在街頭出現的，是金魚小販；接著再過一個月，也就是進入六月之後，賣蟲小販也開始出沒。而再過一個月，也就是到了七月，才會看到燈籠小販的身影——這表示金魚小販那幾個讓夜晚燈影更顯明亮的擔子、沁涼的水，訴說了每個城鎮對夏日祭典即將到來的雀躍期待；賣蟲小販那些讓人以為夜已深沉的悄聲舉動，訴說著這一年梅雨過去後，天氣突然悶熱起來，人們想著「還要持續多久啊？」的種種辛勞；還有前面提過的燈籠小販，那些時明時滅的燈籠，影子一個個映著月光旋轉嬉戲，則是在訴說自古以來就只會在同一地點停留一晚，賣筊白葉、籬垣、蓮葉[6]，絕不連續擺攤兩夜的草市[7]，究竟有多麼飄渺無常，也靜靜地訴說深夜結露所捎來的秋意。

「喔噫！一杯五十……」

那些選在十字路口暗處擺攤的冰淇淋小販，以前是這樣叫賣的。不知道現在的叫賣，會喊些什麼呢？

而夏天的夜色，總是轉深得特別快……。

譯註1　位於今日東京的台東區雷門二丁目，雷門通上的兩條巷子。

譯註2　一種金屬製的打擊樂器，外型為圓盤狀，常見大小約為15公分，演奏時以左手持鉦，右手持棒敲擊。

譯註3　「間」是日本的長度單位，一間約等於一・八一八二公尺。

譯註4　用西餐廳的剩食和中古餐具，在路邊擺攤賣的西餐。

譯註5　兩種不同顏色方格交錯排列的花樣。因江戶時代歌舞伎演員——初代佐野川市松喜愛穿著這種花樣的服飾，故有此名。

譯註6　筊白葉、籬垣、蓮葉都是舊時盂蘭盆節祭祖必備的用品。筊白葉上擺放祭祀用的餐食，籬垣用來圍在祭祀壇四周，蓮葉用來盛裝牛、馬（以茄子、黃瓜製成）的食物。

譯註7　專賣盂蘭盆節祭祀用品的市集。從前會在農曆七月十二日晚間設攤，一直營業到十三日早上。

◎作者簡介

久保田萬太郎・くぼた　まんたろう

一八八九—一九六三

俳句詩人、小說家、劇作家。一八八九年出生於日本東京淺草，俳句別號暮雨、傘雨，筆名千野菊次郎。慶應義塾大學文科畢業。一九一一年在學期間發表小說〈朝顏〉於永井荷風創刊的《三田文學》，同年劇作〈序幕〉獲選刊登於《太陽》雜誌，躋身「三田派」新進作家之列。一九一七年發表〈末枯〉奠定文壇地位，並以劇作〈大寺學校〉為契機接觸新派劇壇，開啟文壇與劇壇兩棲的創作生涯。除發表新作外，亦積極將谷崎潤一郎、泉鏡花、樋口一葉等知名作家小說改編為劇本上演。戰後曾以日本演劇界代表身分前往中國考察，一九五七年獲頒日本文化勳章。作品善於運用傳統江戶語言，描寫東京下町庶民在時代浪潮衝擊下的人情世故與懷舊哀愁，代表作有小說〈末枯〉、〈春泥〉，劇作《雨空》、《大寺學校》等。

啊！東京吃倒

古川綠波｜ふるかわ　ろっぱ

澀谷的「有樂」是一家開在鐵皮屋裡的小店。不過就我所知，它應該是東京最早開設的餃子館。除了賣煎餃，還供應豬蹄、大蒜等多款滷味，還有賣中國來的酒。緊接在有樂之後登場的，是同樣位在澀谷的珉珉。後來在新宿一帶，同類型的店家也如雨後春筍般地出現。

戰敗之後，已經過了十年。相較戰前與戰後，社會上已出現種種變化的痕跡。就食物來看，更是變化甚鉅。

尤其是有很多不易察覺，要仔細觀察才會發現變化的事物。

首先是到戰後才開始在東京出現的餃子館。

接下的內容，談的都是東京市中心的情況。請您先作好這個心理準備，再繼續聽下去。

餃子館是供應煎餃（正確來說是鍋貼）的店家。當然這也是一種支那料理（戰敗後，很多人多說要改稱它為「中華料理」才行，但叫它支那料理又何妨？），其實早在戰前，神戶就有道地的支那餐館供應煎餃。此外，在赤坂的「紅葉」點「燒賣」，端出來的就是這道餐點。值得一提的是，紅葉賣的其實是蒸餃。不過，掛出「餃子」招牌的平價支那料理店，我認為是到了戰後，才開始在東京出現。

澀谷的「有樂」是一家開在鐵皮屋裡的小店。不過就我所知，它應該是東京最早開設的餃子館。除了賣煎餃，還供應豬蹄、大蒜等多款滷味，還有賣中國來的酒。

緊接在有樂之後登場的，是同樣位在澀谷的珉珉[1]（字我忘了怎麼寫）。後來在新宿一帶，同類型的店家也如雨後春筍般地出現。

我曾去過新宿的「石之家」。這家店除了煎餃之外，還有炒麵、炒青菜，以及其他各種油亮的熱炒菜餚。店裡的顧客好像也很嗜吃大蒜和重油菜色，點餐時會說：

「給我來個油滋滋的！」

「油滋滋」這個字眼，聽起來不就是個油膩至極的詞彙嗎？這些餃子館都以平實的價格，供應油滋滋的餐點，當時蔚為風潮。

煎餃原是支那料理，以往在東京其實也都可以吃得到。但這種餃子館，和高級支那料理不同，和那些掛著「拉麵」招牌的支那蕎麥麵館也不同，是一種以煎餃為賣點的民主商家。

談過餃子館之後，緊接著要談的就是大阪燒了。

它絕對是在戰前就已存在的一種餐館，但戰後的大阪燒店數量，恐怕是戰前的數倍之多。總而言之，大阪燒店就是多了很多。大阪燒吃了會很脹，所以我個人並不是很愛吃。不過因為吃大阪燒能坐在爐火旁，因此冬天時會很溫暖，是個不錯的選擇。

大阪燒店的菜單實在很孩子氣，幼稚極了。而大阪燒這種餐點本身，也不像是堂堂成年人吃的東西。所以大阪燒能如此風行，是因為它價格平實的緣故。

說它平實，但其實不盡然。大阪燒的價格多元，從平價到頂級都有。同一塊鐵板煎出來的大阪燒，也有以蝦或肉為主要食材的高級品項。若是這種大阪燒，價格當然就不便宜了。

既然要吃大阪燒，材料就要選好的麵粉，吃起來美味，也不覺得胃脹。因此，麵粉就應該要挑上等的。

再來就是美式料理也變多了。

首重衛生，但口味很貧乏的美式料理（我實在不想讓它冠上「料理」之名），四處大行其道。漢堡排、三明治和起司漢堡等餐點，打著「漢堡」的名號，在小酒館、酒吧裡熱賣。

有一種名叫侯式膳食[2]（Hauser's diet）的健康飲食，口味也是令人無言以對。

製作時果汁機會嘎嘎作響，但這樣一來，水果的滋味就會隨著果汁機的旋轉而飛散殆盡。

除此之外，罐頭大國的美國的罐頭料理，那種空虛的滋味，對我來說就像是喝著味道淡而無味的味噌湯似的，令人感到羞愧不已。反而是位在尾張町附近的不二冰淇淋[3]這種純美式午餐館，竟然會銷聲匿跡。不二冰淇淋賣的玉米燉菜、南瓜派，是我至今仍會不時想品嘗的餐點。

不僅是不二冰淇淋，連阿斯塔[4]、於倫比克[5]之類的午餐館，如今也已不復見，還有星製藥的咖啡館等，當年也都是極具代表性的美式午餐館。而這些以前的老店，餐點口味都比現在的美式料理好吃許多，這究竟是怎麼一回事啊？

不過，在各類餐館當中，戰後數量增加最多的——不，我其實該問戰後所有餐館食肆的數量，究竟發展成了戰前的幾倍呢？另外，隨著主食銷售的規範在戰後日趨嚴格，賣飯類餐點的餐館一口氣大增，令人不禁莞爾。壽司店就是其中的一個例子。而釜飯餐館、茶泡飯館子，就戰前的銀座來說，有幾家店很容易就數得出來。如今在銀座，只要轉進一條小巷，就可以找到諸如此類的飯館。

串燒店也增加得很誇張，這件事請容我日後再詳談。不過其實不只是銀座，在東京各地的鬧區，據說串燒店的數量，也已是戰前的好幾倍。

還有一點值得一提的是：供應各國菜色的餐館，都很積極地開疆闢土。其實自戰前就已有少許異國美食，卻不像今日市面上的俄羅斯菜、德國菜、義大利美食等餐館這樣，每一種光是在東京就都有好幾家店，有的甚至還有數十家之多。此外還有韓國菜、台菜餐廳，各國餐點的館子，再加上成吉思汗鍋、牛奶餛飩等創意餐點，還有賣內臟料理的古怪食物餐廳。

仔細想想，其實那些在戰前就已有悠久歷史的知名餐館——坊主軍雞[6]、百獸屋[7]，賣豆腐菜餚的笹乃雪[8]、賣合鴨的鳥安[9]等等，仍一如往昔地熱門。據說「揚出[10]」最近也重起爐灶了。

如此一來，現在可說是「啊！東京吃倒」了。

譯註1　全名為「珉珉羊肉館」。原本是自大連撤退回國的日本人高橋通博，和他當時的中國妻子，於一九四八年開設的「有樂」，後於一九五二年更名為「珉珉羊肉館」。目前日本仍有多家知名餃子館使用「珉珉」這個店名，多半是由當年與「珉珉羊肉館」相關的人士所開設。

譯註2　由美國營養學家侯瑟（**Gayelord Hauser**）提倡的一種特製奶昔。侯瑟在他的著作《如何青春永駐、延年益壽》（*Look Younger,Live Longer*）當中，介紹了這種在蔬果汁當中加入小麥胚芽、啤酒酵母、優格、脱脂奶粉、糖蜜製成的飲品，每日飲用，外貌看起來就能年輕五歲。本書於一九五一年在日本推出日文版之後，造成果汁機大熱賣。

譯註3　正確名稱應為「富士冰淇淋」（**FUJI ICE**），由富士冰淇淋公司開設的西式餐廳，地點位於今日中央區銀座四丁目教文館書店大樓地下室。當年是許多作家、記者、演藝圈人士經常出入的地點。

譯註4　一九二六年開幕的**Aster**，當年號稱是「美式雜燴餐館」，一樓裝潢亦為美式風格。

譯註5　一九二八年開幕的西餐廳，位於今日銀座二丁目。開幕當時的牛排餐點備受好評。

譯註6　約一六八〇年創立，現位於東京墨田區的兩國一丁目，賣味噌口味的鬥雞鍋。

譯註7　一七一八年創立，現位於東京墨田區的兩國一丁目，以「山豬鍋」聞名的老字號餐館。

譯註8　一六九二年創立，現位於東京台東區的根岸一丁目，店名為親王御賜，以潔淨井水製成的豆腐料理聞名。

譯註9　一八七二年創立，現位於東京中央區的東日本橋。

譯註10　原位於台東區上野二丁目一帶，是日本知名西畫家小絲源太郎（一八八七—一九七八）的祖傳家業，以揚出豆腐聞名。

兩個正月

寺田寅彥｜てらだ　とらひこ

隔天早上，旅館為了準備正月初一吃的雜煮，花了很多功夫。我們為了趕搭火車，在旅館門口穿草鞋準備離開時，雜煮才起鍋送來。於是眾人便坐在門口，匆忙地迎接新春到來。仔細想想，這其實也是一件充滿感官刺激的事。

不知道為什麼，在九州武雄溫泉迎接的明治三十年新春，和在南歐拿坡里度過的明治四十三年正月，這兩段在旅途中過年的回憶，在我腦中被一條奇妙的聯想線串聯了起來——只要想起其中一段回憶，另一段回憶必定隨之湧現。

進熊本高等學校[1]那一年的寒假，我從長崎一路玩到了佐世保。先是從熊本走到百貫港[2]，再搭夜船前往長崎，和從島原[3]來的四、五個朋友會合。畢竟都過了三十年，當時的事大概都忘光了。但神奇的是，我發現自己隱約記得的一些片段，全都充滿了感官上的刺激。

當時，俄羅斯東洋艦隊的勢力，在長崎已經滲透到海港城市的各個角落。髒兮兮的後巷裡，雜貨店在屋簷下掛起了俄文招牌。走在這樣的街頭，我聞到了一股莫名的奇妙氣味。我想了想，終究還是想不出它是什麼味道。總覺得它和俄羅斯的東洋艦隊應該有關係。

離開長崎、前往時津[4]的路上，我們經過一處專為俄羅斯人服務的煙花巷。人在二樓的女人們，個個都往下望，用我聽不懂的語言向人攀談。在我心中，這些話都是俄文。其實我根本無法辨認，但在這段如夢般的記憶中，它們都被認定為俄文。或許是因為當時俄國海軍的蠻橫勢力壓迫，在我年輕的腦海裡留下了某些鮮明的印記吧。

在時津的下榻處，端出了某種珍奇貝類的湯品讓我們品嘗。說也奇怪，時隔多年後，我讀到基督徒在時津受迫害的歷史[5]，自此只要想到這種貝類湯品，我總會連帶想到基督徒。簡而言之，這兩件事對我來說，都充滿了感官上的刺激。

從時津到早岐，這段搭乘可憐小渡輪縱貫大村灣的航程，我只記得微寒裡的淒清苦悶，一直單調地持續了好一段時間。當年的佐世保，也還只是個空蕩蕩的新城鎮。至於有田，在我腦中的素描本裡，記錄的是一件比陶器更稀奇的事——在村郊的茶館吃午飯時，店頭有位髒兮兮的乞丐婆，津津有味地站著吃一碗撒滿了辣椒粉、碗裡一片通紅的烏龍麵。她的模樣，很鮮明地留在我的記憶裡。想必這件事是由於後來因緣際會，重新拿出這段記憶來溫習了好幾次，屢次修補之下，才能保存到三十年後的今天吧。

我覺得自己甚至連那個老婆婆當時鼻子的動靜都還記得，這也是一段充滿感官刺激的記憶。

在武雄的溫泉旅館下榻那晚，剛好是除夕夜。隔天我就要從當地搭火車，一路直接返回熊本，所以眾人都很亢奮，興高采烈地玩鬧。我們去了旅館的澡堂，全身浸泡在清澈的溫泉裡，消除連日來的旅途疲憊。沒想到竟有五、六個年輕女孩，鬧哄哄地走進澡堂，脫下身上華麗的衣裳，用夏娃降生於世的姿態，陸續泡進和我們相同的浴池裡，對我們這些男性的存在完全不以為意。宛如靈山雲霧般的熱氣氤氳之中，讓人感覺整個浴池就像溶入玲瓏玉的靈泉池，開滿了紅白蓮花似的。這個經驗，與其說是充滿感官刺激，不如說「空靈」會來得更貼切。

隔天早上，旅館為了準備正月初一吃的雜煮[6]，花了很多功夫。我們為了趕搭火車，在旅館門口穿草鞋準備離開時，雜煮才起鍋送來。於是眾人便坐在門口，匆忙地迎接新春到來。仔細想想，這其實也是一件充滿感官刺激的事。後來我總算趕上火車。那班火車裡，還擺了七五三繩[7]、門松等年節裝飾，對當年的我來說很稀奇。

明治四十二年的歲末，我從德國南部啟程前往維也納遊歷後，在威尼斯下榻時，剛好是聖誕節。有人說過，聖誕節是個讓旅人平添感傷的夜晚，這個說法對極了，光是看著人們熙來攘往地走在宛如幽暗、狹窄巷道的城鎮，就會備覺感傷。走過佛羅倫斯、羅馬，來到拿坡里時，剛好是除夕夜。原本我還覺得異常悶熱，天氣應該會很晴朗，沒想到低矮的大片積雲從海上飄來，滴滴答答地下起了帶海潮味的驟雨。飯店門衛把我拉到一旁角落，開始和我商量某件事——好像是說晚上會帶我去看有趣的塔朗泰拉舞表演，十點到飯店大廳來集合。進到房間一看，明明是隆冬時節，床上竟還罩著白紗蚊帳。我在房裡喝著瓶裝的慕尼黑拉格啤酒，一邊寫幾張賀年明信片給日本和德國的親朋好友，喝著喝著就睏了起來，於是便進入了夢鄉。

天亮後就是元旦。我來到飯店大廳，準備啟程前往維蘇威火山時，昨天的那個門衛來到我身邊，凝視著我的臉，擠眉弄眼地縮著肩膀，接著伸出兩手，掌心轉向前方，做出了意料之中的那個動作。

前往維蘇威火山山麓的這段路程，我被迫和一對年邁的英國夫婦共乘馬車。英國老太太看來似乎做夢也沒想到，聽不懂英文的人，竟能存活在這個世界上。

不過，山腳下的滿眼田園，處處都是熟透的柑橘，美不勝收，讓在日本南方長大的我，懷念之情油然而生。在維蘇威火山纜車上，我遇見一位貌似日本人的旅客，互相自我介紹之後，才發現對方是地質學家 K 先生。靠山上這一端的纜車軌道，因為前些時候的火山噴發而受損，因此除了徒步上山之外，別無他法。當天的風實在太強，纜車上的其他乘客都放棄登山，選擇折返，到頭來就只有我們這兩個日本人上山。我在地理學書籍或故事當中讀過的 Atrio del Cavallo、Somma 等名詞，覺得莫名欣喜，地質學家又教了我各種岩石的名稱，它們看起來也都很罕見，所以我記得很熟。從蔚藍的拿坡里海灣，逆拂上半山腰的風，夾雜著紅豆大小的砂石顆粒，朝我們的臉頰猛吹，但最後總算是成功爬上了可以俯瞰火山口的地方。在下山途中的茶館歇腳時，茶館的老闆娘拿出了許多火山噴出物的標本、熔岩手工藝品等，想強迫推銷給我們。可笑的是，這些仿冒品的偽造品，當然騙不過地質學家的法眼。我用生硬的義大利文單字，拼拼湊湊地告訴老闆娘：「他，日本的地質學家……不行」我認為應該傳達了我想說的意思。

隔天前往波佐利時，儘管嘈雜的導覽員令人氣惱，不過我還是去了塞拉皮斯神廟，看柱子上那些因為地殼升降而留下的痕跡。接著考察了索爾法塔拉火山舊火山口噴煙的情形，還在一家髒兮兮的店裡吃了義大利麵當午餐。而在回程的電車上，我被人發現用了假銀幣。除此之外，沒留下什麼比較溫情的記憶。

在異鄉度過了多次新年，但不知道為什麼，在武雄溫泉和拿坡里度過的這兩個正月，如對幅般成對地留在我的記憶裡，印象特別鮮明。難道純粹只是因為這兩次都是在南方旅途中度過的新年嗎？我也不認為是因為有田乞丐婆吃那碗撒滿辣椒粉、紅通通的烏龍麵，和波佐利那家食肆裡，鋪著番茄的鮮紅義大利麵很相似。然而，想必一定是有些什麼，串連起了這兩個在時間、空間上，距離都很遙遠的心像——這個現象還真是可怕。

譯註1　舊制高等學校約相當於現在大學共同必修的基礎課程。熊本的這所第五高等學校，後來改制為熊本大學。

譯註2　位於今日熊本市中心西方約十公里處，早期曾是熊本的外港。

譯註3　位於今日長崎縣東南方的地名。

譯註4　位於今日長崎縣南部的城鎮，江戶時期曾是交通要衝。

譯註5　最知名的是發生在一五九七年的日本二十六聖人殉教事件。豐臣秀吉逮捕二十六位天主教信徒後，命他們由大阪步行至長崎，在長崎處斬。

譯註6　日本人在正月初一吃的年糕湯。口味、配料，甚至連年糕的形狀，都因地區而有所不同。九州口味的年糕湯通常會加香菇、雞肉、魚板、白菜等配料。

譯註7　又稱注連繩，是日本新年時，一般家戶和神社寺院會掛的節慶飾品，象徵迎神除穢。

◎作者簡介

寺田寅彦・てらだ　とらひこ

一八七八―一九三五

散文、俳句作家，也是一位地球物理學家，筆名吉村冬彥、寅日子、牛頓、藪柑子。他出生於東京，家中是高知縣士族，因生於戊寅年寅日，故名寅彥。高中時受英文老師夏目漱石、物理老師田丸卓郎的影響，立志鑽研文學與科學，並曾加入夏目漱石所主持的俳句同好團體紫溟吟社。

寺田於一八九九年進入東京帝國大學理學院就讀，並於一九〇八年取得理學博士學位，在學期間多次在雜誌《不如歸》上發表散文作品。

曾任東京帝國大學教授、理化學研究所研究員，亦為帝國學士院會員（相當於中央研究院院士）。

他的散文題材多元，除了寫在故鄉高知的風物、回憶，也自物理、數學、天災、自然科學等領域取材。著有《冬彥集》、《藪柑子集》等散文集。

小感日常10

和日本文豪一起吃麵

烏龍麵、蕎麥麵、炒麵、餃子等

作　　者　古川綠波、佐藤垢石、宮本百合子、林芙美子、森鷗外、永井荷風、豐島與志雄、長谷川時雨、田中貢太郎、久保田萬太郎、寺田寅彥

譯　　者　張嘉芬

版本出處　網路圖書館青空文庫

策　　畫　好室書品

特約編輯　陳靜惠、盧琳

校對協力　吳雅芳

封面設計　白日設計

內頁排版　洪志杰

發 行 人　程顯灝

總 編 輯　呂增娣

主　　編　徐詩淵

編　　輯　鍾宜芳、吳雅芳、黃勻薔

美術主編　劉錦堂

美術編輯　吳靖玟、劉庭安

行銷總監　呂增慧

資深行銷　謝儀方、吳孟蓉

發 行 部　侯莉莉

財 務 部　許麗娟、陳美齡

印　　務　許丁財

出 版 者　四塊玉文創有限公司

總 代 理　三友圖書有限公司

地　　址　一〇六台北市安和路二段二一三號四樓

電　　話　(02) 2377-4155

傳　　真　(02) 2377-4355

電子郵件　service@sanyau.com.tw

郵政劃撥　05844889 三友圖書有限公司

總 經 銷　大和書報圖書股份有限公司

地　　址　新北市新莊區五工五路二號

電　　話　(02) 8990-2588

傳　　真　(02) 2299-7900

製版印刷　卡樂彩色製版印刷有限公司

初　　版　二〇一九年八月

定　　價　新台幣二八〇元

ＩＳＢＮ　978-957-8587-85-4（平裝）

國家圖書館出版品預行編目 (CIP) 資料

和日本文豪一起吃麵：烏龍麵、蕎麥麵、炒麵、餃子等 / 古川綠波、佐藤垢石等著；張嘉芬譯 .-- 初版 .-- 台北市：四塊玉文創，2019.08

面；　公分 .--（小感日常；10）

ISBN 978-957-8587-85-4(平裝)

1. 飲食風俗 2. 日本

538.7831　　108011758

廣　告　回　函
台北郵局登記證
台北廣字第2780號

地址：　　縣/市　　鄉/鎮/市/區　　路/街

段　　巷　　弄　　號　　樓

SANYAU

三友圖書有限公司　收

SANYAU PUBLISHING CO., LTD.

106　台北市安和路2段213號4樓

SANYAU
三友圖書
讀書俱樂部

「填妥本回函，寄回本社」，即可免費獲得好好刊。

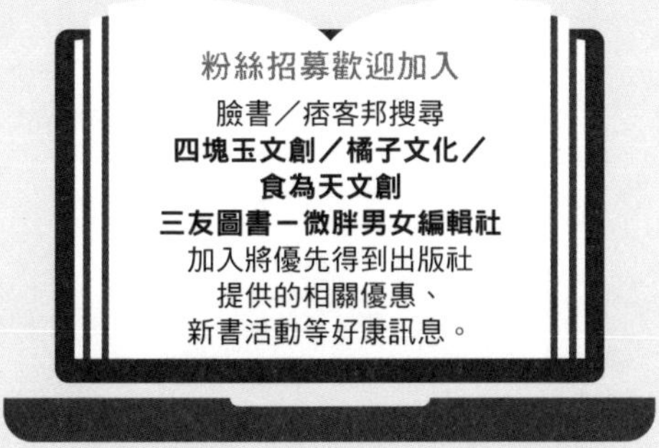

四塊玉文創 / 橘子文化 / 食為天文創
三友圖書－微胖男女編輯社

http://www.ju-zi.com.tw
https://www.facebook.com/comehomelife

【黏貼處】對折後寄回，謝謝。

親愛的讀者：

感謝您購買《和日本文豪一起吃麵：烏龍麵、蕎麥麵、炒麵、餃子等 》一書，為感謝您對本書的支持與愛護，只要填妥本回函，並寄回本社，即可成為三友圖書會員，將定期提供新書資訊及各種優惠給您。

姓名＿＿＿＿＿＿＿＿ 出生年月日＿＿＿＿＿＿＿＿

電話＿＿＿＿＿＿＿＿ E-mail ＿＿＿＿＿＿＿＿

通訊地址＿＿＿＿＿＿＿＿

臉書帳號 ＿＿＿＿＿＿＿＿ 部落格名稱＿＿＿＿＿＿＿＿

1 年齡
□ 18 歲以下 □ 19 歲～ 25 歲 □ 26 歲～ 35 歲 □ 36 歲～ 45 歲 □ 46 歲～ 55 歲
□ 56 歲～ 65 歲□ 66 歲～ 75 歲 □ 76 歲～ 85 歲 □ 86 歲以上

2 職業
□軍公教 □工 □商 □自由業 □服務業 □農林漁牧業 □家管 □學生
□其他 ＿＿＿＿＿＿

3 您從何處購得本書？
□網路書店 □博客來 □金石堂 □讀冊 □誠品 □其他 ＿＿＿＿＿＿
□實體書店 ＿＿＿＿＿＿

4 您從何處得知本書？
□網路書店 □博客來 □金石堂 □讀冊 □誠品 □其他 ＿＿＿＿＿＿
□實體書店 ＿＿＿＿＿＿
□ FB(四塊玉文創 / 橘子文化 / 食為天文創　三友圖書－微胖男女編輯社)
□好好刊 (雙月刊) □朋友推薦 □廣播媒體 ＿＿＿＿＿＿

5 您購買本書的因素有哪些？（可複選）
□作者 □內容 □圖片 □版面編排 □其他 ＿＿＿＿＿＿

6 您覺得本書的封面設計如何？
□非常滿意 □滿意 □普通 □很差 □其他 ＿＿＿＿＿＿

7 非常感謝您購買此書，您還對哪些主題有興趣？（可複選）
□中西食譜 □點心烘焙 □飲品類 □旅遊 □養生保健 □瘦身美妝 □手作 □寵物
□商業理財 □心靈療癒 □小說 □其他 ＿＿＿＿＿＿

8 您每個月的購書預算為多少金額？
□ 1,000 元以下 □ 1,001 ～ 2,000 元 □ 2,001 ～ 3,000 元 □ 3,001 ～ 4,000 元
□ 4,001 ～ 5,000 元 □ 5,001 元以上

9 若出版的書籍搭配贈品活動，您比較喜歡哪一類型的贈品？(可選 2 種)
□食品調味類 □鍋具類 □家電用品類 □書籍類 □生活用品類 □ DIY 手作類
□交通票券類 □展演活動票券類 □其他 ＿＿＿＿＿＿

10 您認為本書尚需改進之處？以及對我們的意見？
＿＿＿＿＿＿＿＿＿＿＿＿

感謝您的填寫，

您寶貴的建議是我們進步的動力！

【黏貼處】對折後寄回，謝謝。